Karl von Schreckenstein

Wie kam die Stadt Villingen vom Hause Fürstenberg an Österreich?

Karl von Schreckenstein

Wie kam die Stadt Villingen vom Hause Fürstenberg an Österreich?

ISBN/EAN: 9783743405684

Hergestellt in Europa, USA, Kanada, Australien, Japan

Cover: Foto ©ninafisch / pixelio.de

Manufactured and distributed by brebook publishing software (www.brebook.com)

Karl von Schreckenstein

Wie kam die Stadt Villingen vom Hause Fürstenberg an Österreich?

WIE KAM DIE STADT VILLINGEN

VOM HAUSE FÜRSTENBERG

AN ÖSTERREICH?

NACH ARCHIVALISCHEN QUELLEN UNTERSUCHT UND DARGESTELLT

VON

Dr. K. H. FREIH. ROTH v. SCHRECKENSTEIN
VORSTAND DES F. FÜRSTENBERGISCHEN HAUPTARCHIVS ZU DONAUESCHINGEN

WIEN
AUS DER K. K. HOF- UND STAATSDRUCKEREI
—
IN COMMISSION BEI KARL GEROLD'S SOHN, BUCHHÄNDLER DER KAIS. AKADEMIE
DER WISSENSCHAFTEN
1865

Aus dem Novemberhefte des Jahrganges 1864 der Sitzungsberichte der phil.-hist. Cl. der kais. Akademie der Wissenschaften [XLVIII. Bd.] besonders abgedruckt.

Die Stadt Villingen, unweit des Ursprunges der Donau und des Neckars gelegen, gehört, trotz ihres bescheidenen Umfanges, nicht zu den uninteressanten Städten, denn sie hat eine Vergangenheit, welche einer genaueren Erforschung vollauf würdig ist.

Wie Freiburg im Breisgau wurde sie von den Zäringern planmässig gegründet, gehoben und erweitert. Ziemlich rasch und in gedeihlicher Weise sich entfaltend, schien sie zum Hauptorte der Landgrafschaft Baar bestimmt zu sein, als eine, durch ihre festen Ringmauern und mehr noch durch ein kräftiges Bürgerthum, gefreite und geschirmte Pflanzschule des municipalen Rechtes, des Handels, der Gewerbe, Künste und Wissenschaft.

Freilich, der Anfang war ungleich glänzender, als der weitere Verlauf. Doch kann auch dieser keineswegs als ungünstig bezeichnet werden. Es ist hier nicht der Ort, die Gründe des über Villingen verhängten Stillstandes zu untersuchen, oder einzelne Glanzpuncte in der späteren Entwickelung hervorzuheben. Uns beschäftigt hier nur eine einzige Frage, die bisher noch nicht gehörig aufgeklärt worden ist. Wie kam es, dass die Stadt im Jahre 1326 von den Grafen von Fürstenberg an das Haus Habsburg-Österreich veräussert wurde?

Die hier folgende gedrängte Darstellung gründet sich auf Urkunden, Originale und Abschriften, die sich im fürstlichen Archive zu Donaueschingen, im Generallandesarchive zu Karlsruhe, im Archive der Stadt Villingen, im k. k. Haus-, Hof- und Staatsarchive zu Wien und in der städtischen Bibliothek zu Überlingen befinden. Was die in Donaueschingen befindlichen Abschriften betrifft, so sind dieselben zum Theile durch die fürstlichen Archivare K. Strasser, † 1768, M. Merk, † 1776 und K. F. Döpser, † 1787, gesammelt worden und zum Theile auch im Jahre 1665 daselbst schon vorhanden gewesen. Die Abschriften in der Bibliothek zu Überlingen stammen aus dem Nachlasse des Professor Kefer und wurden in den Jahren 1813—1815 angefertigt.

Die gedruckte Literatur reducirt sich, mit Ausnahme zerstreuter Notizen, die sich da und dort vorfinden und aus den Citaten zu dieser Abhandlung ersichtlich sind, auf sehr wenige Bücher, wenn man nämlich, wie billig, von der Aufzählung allgemeiner Hilfsmittel Umgang nimmt. Besonders brauchbares Material hat Archivrath Dr. Bader in Mone's Zeitschrift für Geschichte des Oberrheins 8, 106 ff. zusammengestellt. Die kleine Schrift von J. A. Vetter „Villingen am Schwarzwalde die älteste Zähringerstadt", welche 1860 im Selbstverlage des Verfassers erschien, ist zu grossem Theile nur eine wörtliche Wiederholung von Bader's Angaben.

Was E. Münch, in der Geschichte des Hauses und Landes Fürstenberg 1, 334 ff. gegeben hat, kann weder als gründlich noch als erschöpfend gelten. Die im Jahre 1790 anonym erschienene Geschichte der k. k. vorderösterreichischen Staaten, von einem Capitularen des Stiftes St. Blasien (P. Kreutter), berührt die für unsere Gegend so wichtige Angelegenheit mit keinem Worte. Der Artikel Villingen, in Kolb's historisch-statistisch-topographischen Lexikon des Grossherzogthums Baden (1816), der im wesentlichen von dem bereits genannten Professor Kefer, einem gebornen Villinger, herrührt, enthält nebst brauchbaren Angaben auch einige offenbare Unrichtigkeiten.

Fürst Lichnowsky, in der Geschichte des Hauses Habsburg 3, 175, erwähnt nur kurz die im Jahre 1326 vollzogene Huldigung, doch gewährten die seinem Werke beigegebenen Regesten mehrere werthvolle Aufschlüsse.

Um nun aber die im besagten Jahre zum Abschlusse gekommenen Verhandlungen richtig verstehen zu können, ist ein kurzer Rückblick auf Villingens älteste Geschichte nöthig. War denn überhaupt diese Stadt, wie E. Münch rhetorisch behauptet, die kostbarste Perle unter den Besitzungen des Hauses Fürstenberg? Villingen ist ein sehr alter Ort, dessen im Jahre 817 erstmals urkundlich Erwähnung geschieht. Am 4. Juni erlässt K. Ludwig der Fromme dem Kloster St. Gallen von 47 Mansen die an die Grafen zu zahlenden Abgaben und nennt hiebei auch die „in ministerio Hruadharii comitis ad Filingas" gelegenen Mansen [1]).

Am Schlusse des 10. Jahrhundert finden wir die Zäringer als Grundherren zu Villingen. Graf Berchtold, der auch unter dem Namen Bezelin von Villingen bekannt ist [2]), erwirkte von K. Otto III. ein Markt-, Zoll- und Münzprivilegium in loco suo Vilingun [3]). Während nach dieser Urkunde Graf Hiltibald [4]) die Baar mächtig (potenter) verwaltete, standen dem Grafen Bezelin, dessen Amtssprengel wol im Breisgau war, in Villingen nur grundherrliche Rechte zu. So scheint es wenigstens. Er war der Vater des ersten Herzogs von Zäringen, also Ahnherr eines fürstlichen Geschlechtes, welches sich vor anderen um das Städtewesen verdient gemacht hat, und in welchem bekanntlich die planmässige Hebung und Benützung der städtebürgerlichen Elemente des öffentlichen Lebens ganz unverkennbar zu den Grundsätzen der Hauspolitik gehörten.

Das kaiserliche Privilegium für Villingen trug, begreiflicher Weise, wesentlich zur Hebung des Ortes bei, wie denn überhaupt die Ertheilung eines durch Königsbann geschirmten Marktrechtes, bei der Begründung städtischer Gemeinwesen, einer der wichtigsten Schritte zu sein pflegt. Die Erweiterung und wol auch die

---

[1]) Neugart, Cod. dipl. Alem. 1, 163. Herrgott, Gen. 2, 18. Wartmann Urkb. von St. Gall. 1, 217. — Bader in der Zeitschrift f. Gesch. des Oberrh. 8, 107 zeigt, wesshalb nicht das bei Rothweil gelegene Dorf, das man, im Gegensatze zur Stadt, auch Villiugendorf nennt, hier gemeint sein könne.
[2]) Bei Leichtlen, Die Zähringer 19, Fickler, Berthold der Bärtige 19 ff. und Stälin Wirt. Gesch. 1, 546, Note 4, 550 und 551, Note 18, die Nachweisungen.
[3]) Rom 999, März 29. Schöpflin, Zar. Bad. 4, 11 und besser bei Dümgé, Reg. Bad. 97. Schöpflin bezieht sich für seinen Abdruck auf das fürstl. fürstenb. Archiv. Von diesem war ihm aber nur eine Abschrift nach dem in Villingen befindlichen Orig. mitgetheilt worden. Ich bemerke dieses, weil sich der gleiche Editor noch in mehreren Fällen auf das Donaueschinger Archiv beruft, obgleich sich die Originale der betreffenden Urkunden niemals daselbst befunden haben.
[4]) Wir finden denselben auch zu den Jahren 904 und 1007. Nachweisungen bei Stälin Wirt. Gesch. 1, 544 f.

ersten grösseren Schutzbauten wurden von Herzog Berchtold III. von Zäringen, um das Jahr 1119, vorgenommen ¹).

Beim Hause Zäringen blieb die Stadt, bis zum Absterben des Mannsstammes ihrer Gründer, 1218. Jetzt kam sie an den Grafen Egino den Bärtigen von Urach, der Agnes die Schwester des letzten Herzogs von Zäringen zur Gemahlin hatte ²).

Bekanntlich theilten die Enkel dieses Grafen Egino ihre Besitzungen in der Art, dass Graf Konrad († 1271) die Linie Urach-Freiburg und Graf Heinrich († 1284) die Linie Urach-Fürstenberg gründeten. Beide Linien führten noch eine Zeit lang den alten Familiennamen Urach, welcher dann zuerst aus dem Titel und hierauf auch aus dem Siegel verschwindet ³).

Die Grafen von Freiburg hatten niemals Ansprüche darauf, Herren der Stadt Villingen zu sein; aber auch die Grafen von Fürstenberg gelangten niemals zu einem völlig ungetrübten Besitze. Unmittelbar nach dem Tode des Herzogs Berchtold V. von Zäringen († 1218, 18. Febr.) wurden Graf Egino der Bärtige und dessen Sohn Graf Egino V., der schon seit dem Jahre 1205 selbstständig auftritt⁴), von K. Friedrich II. wegen des Zäringen'schen Erbes angefochten. Friedrich beanspruchte nämlich einen Theil der von Herzog Berchtold hinterlassenen Güter und Rechte für das Reich. Auch liess er sich die Ansprüche der mit den Zäringern stammverwandten Herzoge von Teck um eine Geldsumme abtreten.

Dass auch die Stadt Villingen zu den vom Reiche beanspruchten Erbstücken gehörte, unterliegt keinem Zweifel. Den Übergang der Stadt an das Haus Urach (Fürstenberg) bringt die Villinger Chronik ⁵) mit dem Jahre 1197 in Verbindung, indem sie bemerkt: es sei Villingen der Agnes, Tochter des Herzogs Berchtold, des vierten dieses Namens, und Gemahlinn des Grafen Ego von Fürstenberg, zugetheilt

---

¹) Villinger Chron. bei Mone. Quellensammlung f. Bad. Landesgesch. 2, 32 und Rader, in der Zeitsch. f. Gesch. d. Oberrh. 8, 107. Am letzteren Orte die Gründe wesshalb man sich, für so frühe Zeit, auf die erst spät aufgezeichnete Villinger Chronik beziehen darf.
²) Vergl. Rader Egino der Bärtige 6 ff. und Stälin 2, 457.
³) Vergl. Stälin Würt. Gesch. 2, 403. Note 3. und F. K. (Fürst Friedrich Karl zu Hohenlohe-Waldenburg), Über das Fürstenbergische Wappen G..
⁴) Mon. Boic. 29ᵃ, 523. Ried, Cod. dipl. Ratisb. 1, 280.
⁵) Mone, Quellensamml. 2, 82.

orden. Abgesehen davon, dass sich erst Graf Heinrich, der Enkel dieses Grafen Egino, von der Veste Fürstenberg schreibt, muss das Jahr 1197 Bedenken erregen, da es weder zum Tode des Herzogs Berchtold IV. († 1186), noch aber zur Zeit der Verheirathung des Grafen Egino des Bärtigen und der Agnes von Zäringen passt. Immerhin mag aber der wahrscheinlich doch auf älteren Aufzeichnungen ruhenden Angabe eine nicht ganz zu verwerfende Tradition zu Grunde liegen. Gewiss ist jedenfalls, dass Villingen durch die Heirath der Agnes von Zäringen an deren Gemahl kam, während freilich eine schon zur Zeit des Herzogs Berchtold IV. erfolgte Abtretung sehr fraglich bleibt.

K. Friedrich II., das unterliegt keinem Zweifel, betrachtete Villingen nach Herzog Berchtold's V. Tode als seine und des Reiches Stadt. In einer zu Malberg am 23. November 1218 ausgestellten Urkunde[1]) bestätigt er dem Kloster Thennenbach zwei „in villa nostra Vilingin" gelegene Mühlen, und in einer zweiten, ebenfalls dem genannten Kloster ausgefertigten Urkunde, dd. Hagenau 1219, 26. März, erlässt er einen Jahreszins von „x solidi de quodam molendino in Vilingin", welchen vormals Herzog Berchtold von Zäringen bezogen habe, und der nun ihm, dem Könige, „ex eadem successione" zustehe. Von Wichtigkeit ist der Umstand, dass Graf Egino von Urach (Vater oder Sohn?) unter den Zeugen dieser Urkunde[2]) erscheint.

Dass aber K. Friedrich nicht nur Ansprüche erhoben, sondern die Stadt auch wirklich in Besitz genommen hatte, scheint aus einer Urkunde Konrad's des Schenken von Winterstetten (des Minnesingers) hervorzugehen. Dieser bezeugt nämlich am 2. April 1225[3]), dass zur Zeit, in welcher er die Stadt Villingen für den König verwaltet habe, zwischen dem Kloster Salem und den Bürgern der Stadt ein Rechtsstreit in näher bezeichneter Weise ausgeglichen worden sei. Nos vero, heisst es in der Schlussformel der Urkunde, qui civitatem Vilingen auctoritate domini regis, qui diebus illis eam

---

[1]) Huillard-Bréholles, Hist. dipl. Frid. I, 575 und Schriften des Vereins f. Alterth. und Gesch. im Grossherz. Baden 2, 196, nach dem zu Villingen befindlichen Orig.

[2]) Huillard-Bréholles I, 612 und Schriften des Vereins f. Alterth. und Gesch. im Grossherz. Baden 2, 198, nach d. Orig. in Villingen.

[3]) Mone Zeitschr. I, 408.

tenuit, procuravimus, ad preces utriusque partis, cartam hanc fecimus conscribi et sigillum nostrum appendi.

Konrad von Winterstetten war K. Friedrich's beständiger Begleiter, als dieser in den Jahren 1214—1220 in Deutschland verweilte, und auch in der Folge für den unmündigen K. Heinrich (VII.) Leiter der öffentlichen Angelegenheiten Schwabens [1]). Dass K. Friedrich die Stadt am 2. Februar 1225 nicht mehr besass, lässt sich mit Sicherheit aus obiger Urkunde folgern, dagegen bleibt zweifelhaft, in welchem Jahre der Schenke von Winterstetten zwischen Salem und der Stadt Villingen entschied und die letztere im Namen des Königs verwaltete.

Wie Villingen an Urach zurückkam, obgleich K. Friedrich daselbst Fuss gefasst hatte, ist ebenfalls nicht hinreichend aufgeklärt. Wir wissen nur, dass, sofort nach dem Tode des Herzogs Berchtold V., zwischen dem Könige einerseits und den Grafen von Urach, Vater und Sohn, auf der anderen Seite, eine Fehde ausbrach und dass die Aussöhnung sehr bald erfolgte. Die mehrfach abgedruckten Sühnbriefe vom 6. und 18. September 1219[2]), geben hinsichtlich der Stadt Villingen gar nichts an die Hand. In der zweiten Urkunde ist davon die Rede, dass, zwischen dem Könige und dem Grafen, in Ulm eine Sühne stattgefunden habe, doch erhalten wir über die Zeit und die Bestimmungen dieses gütlichen Austrages keine näheren Anhaltspuncte[3]).

Im Jahre 1230 starb Graf Egino der Bärtige[4]) und am 25. Juli 1236 auch dessen Sohn Graf Egino V. von Urach[5]).

---

[1]) Stälin 2, 614. Ficker, Die Reichshofbeamten. Sitzungsber. 1862, S. 50 ff.

[2]) Am besten in Mone's Zeitschrift 9. 227 ff.

[3]) Preterea quicquid tam nos quam predictus comes de bonis pie memorie Bertoldi ducis Zeringie in presentiarum obtinemus, id uterque nostrum pacifice possideat, sicut ambo possedimus facta apud Vlmam inter nos reconciliatione. Et sciendum est, quod comes E. bonis, que tenemus, non renuntiauit, sed pro ipsis gratiam nostram prestolabitur, si aliquam sibi facere uelimus, l. c. 228. Stälin 2, 245 setzt die Aussöhnung in den September 1218. Ich möchte aber, mit Huillard-Bréholles 1, 682 annehmen, es sei die Zeit zwischen dem 7.—10. Mai 1219 gemeint, in welcher sich K. Friedrich ebenfalls in Ulm befand.

[4]) Friedenweiler gottseliges Gedächtniss. Papierhandschrift des f. Fürstenb. Archivs. Freilich eine sehr späte, erst im 17. Jahrht., aber offenbar mit Benützung von Originalurkunden entstandene Arbeit, eines unbekannten Verfassers.

[5]) Necrol. Zwif. apd. Hess 245.

Im letztgenannten Jahre gab A. Gräfinn von Urach und Freiburg das Eigenthum eines ihr in Villingen zustehenden Hofraumes zur Errichtung eines Frauenklosters daselbst [1]).

Wahrscheinlich war dieses Adelheid, die Gemahlinn des Grafen Egino V. Schöpflin bezieht die Urkunde auf Agnes von Zäringen. Obgleich aus dieser Vergabung keineswegs gefolgert werden kann, dass die ganze Stadt Villingen damals im Besitze des Hauses Urach gewesen sei, wird es sich in Wirklichkeit doch so verhalten haben.

Sichere Nachrichten haben wir erst aus der Zeit des Grafen Heinrich von (Urach) Fürstenberg. Dieser tritt in mehreren Urkunden, die in das sogenannte Interregnum fallen, ganz unverkennbar als Herr zu Villingen auf, und leitet hiebei seinen Besitzstand ausdrücklich von den Herzogen von Zaeringen, seinen Ahnen von mütterlicher Seite, her [2]).

Als Herr der Stadt Villingen erscheint Graf Heinrich von Fürstenberg, in den die Gründung des Johanniterhauses betreffenden Urkunden vom 1. März und 23. August 1257 [3]).

Die Bürger in Villingen, Geschlechter und Handwerker (cives in Vilingen, tam majores quam minores), befreien nämlich das auf ihren Wunsch gegründete Gotteshaus von allen städtischen Diensten und Lasten, mit Einwilligung ihres Herrn des Grafen (de consensu domini nostri Henrici comitis de Fürstenberg). Die zweite Urkunde, in welcher der Graf bewilligt, dass jeder unter seinen Bürgern und Unterthanen (ex civibus aut aliis subditis nostris) frei an das Johanniterhaus vergaben dürfe, ist ausgestellt „in oppido nostro Vilingensi".

Minder deutlich ist das Verhältniss des Grafen zur Stadt aus einer daselbst im Jahre 1251, ohne Angabe des Tages, ausgefertigten Urkunde ersichtlich, in welcher Graf Heinrich bezeugt, dass Rudolf Bergeli, ein Bürger zu Villingen, seine Güter zu Dürrheim dem Kloster Salem überlasse. In der Siegelformel heisst es: Hanc

---

[1]) Schöpflin Hist. Zar. Bad. 5, 200. Nach einer Abschrift. Das Orig. war noch 1814 in Villingen, wie ich aus einer Abschrift des Prof. Kefer entnehme.
[2]) Urk. K. Rudolfs I, 1278. 19. Aug, in castris apud Marchegge. Böhmer, Reg. Rud. 458. Diese Urk., auf welche ich in der Folge zurückkommen werde, befindet sich, in doppelter Ausfertigung, in Origg. im Archive zu Villingen.
[3]) Bei Neugart, Cod. dipl. Alem. 2, 216 ff.

paginam conscribi fecimus et sigillorum, nostri ac vniuersitatis in Vilingen, munimine roborari ¹).

Als im Jahre 1268 die Minoriten nach Villingen berufen wurden, geschah dieses durch den Grafen und mit Zustimmung der Bürgerschaft ²).

Es ist also ganz unbezweifelbar richtig, dass Graf Heinrich von Fürstenberg in Villingen die Gerechtsame eines Herrn der Stadt ausübte, während wir freilich keine urkundlichen Nachrichten haben, aus denen sich der Umfang dieser Herrenrechte ermessen liesse. Die Stadt, dieses scheint mit Sicherheit angenommen werden zu können, strebte nach reichsstädtischen Rechten und K. Rudolf I., dem es oblag, das Reichsgut, welches während des Interregnums jedem Machthaber preisgegeben war, wo möglich wieder an sich zu nehmen, hatte sich in den ersten Jahren seiner Regierung über das Zäringen'sche Erbe noch nicht ausgesprochen. Graf Heinrich von Fürstenberg war zwar ein Verwandter ³) des Königs und demselben als muthiger, entschlossener Anhänger überaus lieb und werth. Auch hatte der Graf dem Reiche, als des Königs Machtbote in Lübeck und in Italien, namhafte Dienste geleistet ⁴). Gleichwohl liess K. Rudolf die Frage hinsichtlich der Beschaffenheit des Rechtstitels, der dem Hause Fürstenberg die Herrschaft über Villingen verbürgte, bis zum Jahre 1282 unentschieden. Aus einer am 22. Mai 1278 zu Wien ausgestellten Urkunde ⁵) scheint sogar hervorzugehen, dass er die Stadt Villingen zu den Reichsstädten rechnete, indem er derselben, wahrscheinlich als Antwort auf ein Gesuch um Rechtsbelehrung, die Grundsätze

---

¹) Mone, Zeitschr. 8, 368.

²) — Fratres minores vocavimus cum multa precum instantia ad villam nostram Vilingen, consensu et petitione civium dicte ville communiter accedente. Dat. in prenotata villa Vilingen, anno dni. MCCLXVIII, dominica prima post octavam epiphanie. Schöpflin Hist. Zar. Bad. 5, 247. Daselbst 246 auch das Berufungsschreiben.

³) K. Rudolf nennt ihn einer Urk. vom 21. Juli 1276 nicht nur consanguineus noster, sondern auch os ex ossibus nostris et caro de carne. Gerbert. Cod. epist. Rud. 112.

⁴) Da diese Urkunde in Böhmer's Regesta imperii nicht verzeichnet, und mir auch kein Abdruck derselben bekannt ist, so gebe ich dieselbe als Beilage I nach dem im Villinger Stadtarchive befindlichen Originale. Das im Jahre 1686 durch den Rathsschreiber und Syndicus Joh. Michael Gräninger angefertigte Repertorium bezeichnet diese Urkunde als K. Rudolf's ältestes Privilegium.

⁵) Nachweisungen bei Stälin 3, 24 ff. Kopp, Reichsgesch. I, 112 und besonders Böhmer Regg. Rud. 85, 173, 188 u. s. w.

entwickelte, welche er hinsichtlich des Gerichtsstandes der Reichsbürger befolgt wissen wollte. Es wird, ohne die Stadt Villingen zu nennen, allen Getreuen des Reiches eröffnet, dass sich der König entsinne, schon vormals alle seine und des Reiches Bürger von auswärtigen Gerichten befreit zu haben. Da sich das Original dieser Urkunde im Archive der Stadt Villingen befindet, so unterliegt es wol kaum einem Zweifel, dass K. Rudolf den Bürgern dieser Stadt die genannten Rechte als Reichsbürgern zukommen lassen wollte. Eine ausdrückliche Anerkennung der Stadt als Reichsstadt ist aber vermieden. Ein ganz ähnliches Verfahren beobachtete die königliche Kanzlei im Jahre 1282 hinsichtlich der Bürger zu Freiburg i. B., wo ebenfalls die Zäringen'sche Erbschaft im Spiele war [1]).

An die der Stadt verliehene, wichtige Urkunde reiht sich nun aber die dem Grafen Heinrich von Fürstenberg am 19. August im Lager zu Marcheck ertheilte königliche Bestätigung insoferne an, als der König, in Hinsicht auf die Städte Villingen, Fürstenberg, Haslach und Dornstetten, die schon zu Zeiten des Herzogs Berchtold IV. von Zäringen bestehende Befreiung von auswärtigen Gerichten anerkennt [2]).

Es heisst daselbst: Supplicante itaque nostre majestatis culmini nobili viro Heinrico comite de Vúrstenberg nostro consanguineo imperii fidelissimo, vt, cum Vilingen, Vúrstenberg, Haselach et Dornesteten et alia sua oppida quecunque, patris sui ac ... ducis de Zeringen aliorumque progenitorum suorum, qui eadem legitime possiderunt et predecessorum nostrorum imperatorum et regum Romanorum illustrium indulto, tali gavise fuerint libertate seu immunitate, quod nemo ciuium oppidorum predictorum utriusque sexus extra oppidum suum potuit vel debuit coram aliquo judice extraneo conueniri ...

---

[1]) Urk. Worms 1282, 10. Nov. Schreiber, Urkundenb. der Stadt Freiburg 1, 97. Die Stadt wird zwar nicht als Reichsstadt bezeichnet, soll aber aller Gnaden und Freiheiten theilhaftig sein „quibus civitas Columhariensis et alie nostre et imperii civitates gaudere noscuntur."

[2]) Böhmer, Reg. Rud. 458. Zu den daselbst aufgeführten Abdrücken kommt noch: (Wegelin's) Bericht von der Landvogtei in Schwaben 253. Das f. Fürstenb. Archiv besass nie eine Ausfertigung dieser Urkunde. Dagegen habe ich im Archive zu Villingen dieselbe in zwei wohlerhaltenen, besiegelten Originalen eingesehen. Ich bemerkte einige kleine Abweichungen in der Schreibweise. Schöpflin's Abdruck ist nach einer Abschrift des f. Fürstenb. Arch. gefertigt.

libertatem predictam sibi suisque ciuibus et oppidis innouamus et confirmamus ect.

Sibi suisque ciuibus! Villingen wird also in dieser Urkunde mit Fürstenberg, Haslach und Dornstetten auf die gleiche Stufe gestellt. Auch sind es nicht die genannten Städte, welche um die Bestätigung des jus de non evocando bitten, sondern der Graf von Fürstenberg erhält dieselbe für seine Bürger, in einem überaus kritischen Momente, kurz vor dem Entscheidungskampfe mit K. Ottokar von Böhmen [1]). Inter arma silent leges. Es war damals weder am Orte noch an der Zeit, die Ansprüche des um das Reich überaus verdienten Grafen haarscharf abzuwägen.

Der weitere Verlauf der Verhandlungen zeigt indessen deutlich, dass K. Rudolf die Rechtsfrage doch sehr ernst nahm und keineswegs gesonnen war, den Gerechtsamen des Reiches oder der Stadt irgend etwas zu vergeben. Eine ganze Reihe von Urkunden verbreitet hierüber das nöthige Licht.

Als nämlich K. Rudolf, in der zweiten Hälfte des Monats September 1282, zu Boppard einen Rheinischen Landfrieden beschwören liess [2]), stellten daselbst am 19. September die Erzbischöfe Wernher von Mainz, Sifrit von Cöln und Heinrich von Trier, der Pfalzgraf Ludwig bei Rhein und Herzog Albert von Sachsen ihre Willbriefe aus, zu einem, zwischen dem Reichsoberhaupte und dem Grafen Heinrich von Fürstenberg, wegen der Städte Villingen und Haslach abgeschlossenen Vergleiche. Wahrscheinlich stellte auch der Markgraf Otto von Brandenburg am gleichen Tage und Orte einen Willbrief desshalb aus [3]). Es ist in diesen Willbriefen gesagt, dass zwischen dem römischen Reiche und denen welche ihm zu Zeiten vorstanden, auf der einen, und dem Grafen Heinrich von Fürstenberg

---

[1]) Vergl. Kopp, Reichsgesch. 1, 254.
[2]) Böhmer, Regg. Rud. nach 701.
[3]) Der Willbrief des Erzbischofs Wernher von Mainz ist abgedruckt bei Gerbert Hist. Nigr. Silv. 3, 205 mit der irrthümlichen Jahreszahl 1283. Ein Abdruck des Willbriefes des Pfalzgrafen Ludwig steht in Mone's Zeitschrift 8, 464. Bader hat bei diesem Anlasse bereits bemerkt, dass der Willbrief des Erzbischofs Wernher zum Jahre 1282 gehöre. Das f. Fürstenbergische Archiv besitzt die Willbriefe der Erzbischöfe von Mainz, Cöln und Trier und des Pfalzgrafen Ludwig in Origg., und überdies ein Vidimus des Abtes Johann v. Thennenbach und des Propstes Konrad von Allerheiligen in Freiburg, vom 30. April 1321, in welchem, ausser den bisher genannten Willbriefen, auch diejenigen des Herzogs

und dessen Vorfahren auf der anderen Seite, wegen der Städte Villingen und Haslach nebst Zugehör eine Streitfrage (quedam questio) obwalte, und dass nun K. Rudolf sich mit dem Grafen verständigt habe. Die Zustimmung könne um so mehr ertheilt werden, als die Art der Beilegung dieses Handels nicht gegen den Eid anstosse, den der König wegen Nichtveräusserung von Reichsgütern geschworen habe. Fürstenberg und Dornstetten werden nicht genannt. Sie waren wol vom Reiche niemals beansprucht worden. Schon vor dem zu Boppard abgehaltenen Tage hatte sich aber der Pfalzgraf Ludwig in dieser Angelegenheit zu Gunsten des Grafen von Fürstenberg an den König gewendet, vermöge eines am 16. Mai 1282 zu Ulm ausgestellten Schreibens [1]). Ludwig fordert den König, seinen Schwiegervater, dazu auf, er solle, in Erwägung der grossen Verdienste des Grafen von Fürstenberg, statt des strengen Rechtes die königliche Gnade walten lassen (ipsi specialem super eo gratiam facientes).

Wir kennen nun freilich den Vertrag nicht, welchen der König mit dem Grafen Heinrich nunmehr abschloss, allein die am 24. Mai 1283 in Colmar über die Belehnung mit Villingen und Haslach ausgestellte Urkunde zeigt deutlich, welcher Ausweg eingeschlagen wurde [2]).

Die Belehnung erfolgte übrigens schon am 23. Mai, wie wir aus den Zeugnissen wissen, welche an diesem Tage zu Colmar von den

---

Albert von Sachsen und des Markgrafen Otto von Brandenburg, nebst anderen Urkunden, enthalten sind. Der Willbrief des Markgrafen Otto von Brandenburg hat in diesem Vidimus das Datum: apud oppidum Cadanum anno Mill°. CC°. LXXXII°. XIII. Kal. Oct. Das scheint aber ein Irrthum zu sein. Vielleicht gehört dieser Willbrief des Markgrafen Otto zum Jahre 1297. Am 17. Aug. dieses Jahres urkundete derselbe zu Kaden. Gerbert, Crypt. nov. 117. Vergl. Kopp, Reichsgesch. 1, 633 und 3, 238. Der Irrthum des Abschreibers kann dadurch entstanden sein, dass das Vidimus auch eine später zu besprechende Urkunde des K. Wenzel von Böhmen enthält, welche in der That zu Kaden gegeben ist. Sämmtliche Willbriefe sind gleichlautend und alle d. d. Bopardie anno Mill°. CC°. LXXXII°. XIII. Kal. Oct.

[1]) Dasselbe ist ebenfalls im Vidimus von 1321 enthalten und abgedruckt bei Mone, Zeitschr. 8, 463 und Kopp, Reichsgesch. 1, Beil. 14. Dass der Pfalzgraf um jene Zeit in Ulm war, wissen wir auch aus Böhmer's Wittelsb. Regesten zum 15. Mai 1282, pag. 41. Am gleichen Orte sind auch Urkunden verzeichnet, welche Ludwig am 22. 24. und 25. Sept. 1282 in Boppard ausstellte.

[2]) Böhmer, Regg. Rud. 752. Gerbert, Hist. nig. silv. 3, 204. Das f. Fürstenb. Arch. besitzt das Original dieser Urkunde.

Bischöfen Konrad von Strassburg und Gottfried von Passau dem Grafen ausgestellt worden sind [1]).

Somit war also dem Grafen Heinrich von Fürstenberg und allen seinen Nachkommen der reichslehenbare Besitz von Villingen gewährleistet. Aber schon in der Zeit, welche zwischen die zu Boppard gepflogenen Unterhandlungen und die, auf Grundlage der kurfürstlichen Willbriefe, wirklich erfolgte Belehnung fällt, am 16. November 1282, am St. Othmarstag, war K. Rudolf persönlich anwesend, als der Graf in Beisein vieler Edlen und Ritter seinen Söhnen in Villingen den Ritterschlag ertheilen liess [2]).

Im Jahre 1284 starb Graf Heinrich. Nunmehr fragte es sich, wer ihm in Villingen als Herr der Stadt nachfolgen solle. Schon das älteste Freiburger Stadtrecht von 1120 enthält die Bestimmung „ut quicumque dominus postmodum eandem civitatem hereditario jure possideret, eo decedente quisquis inter heredes ipsius senior extiterit, dominium ejusdem civitatis obtineret" [3]). Es lässt sich vermuthen, dass auch in Villingen der gleiche Grundsatz Geltung hatte. Graf Heinrich hinterliess fünf Söhne. Am 16. October 1284 verständigten sich die Grafen Friedrich, Egino, Konrad und Gebhard mit ihren lieben Bürgern der Stadt Villingen, die sie von ihrem Vater geerbt haben [4]). Ihr Bruder Graf Heinrich ist in der Urkunde nicht genannt. Derselbe war Johanniter.

Erstlich geloben sie eidlich der Stadt, von St. Walpurgenmesse an über zwei Jahre [5]), einen von ihnen vieren zum Herrn zu setzen.

---

[1]) Enthalten im Vidimus vom 30. Apr. 1321 F. Fürstenb. Arch. Die Urkunde des Bischofs von Strassburg hat Kopp, Reichsgesch. 1, Beil. 16 gegeben. Vergl. auch daselbst 1, 633, Note 2. Dem hochverdienten Forscher diene zur Nachricht, dass sich seine l. c. ausgesprochene Vermuthung bestätigt. Die Urkunde des Bischofs von Passau stimmt mit derjenigen des Bischofs von Strassburg völlig überein, nur wird Graf Heinrich in der ersteren nicht „fidelis noster" genannt, da er von Passau keine Lehen hatte. Münch 1. 282 hat, in seiner bekannten Weise, aus dem Bischofe von Passau einen Bischof von Padua, aus Colmar aber Cöln gemacht und den Pfalzgrafen Ludwig, sehr künstlich, in zwei Personen zerlegt, nämlich in den Pfalzgrafen Ludwig von Rheinbaiern (!) und den Kurfürsten Ludwig von der Pfalz.
[2]) Chron. Sindelf. apd. Böhmer, Font. 2, 406.
[3]) Schreiber, Urkb. der Stadt Freib. 1, 4.
[4]) Ze Villingen 1284 an St. Gallentag. Orig. im Archive der Stadt Villingen.
[5]) Ich bemerke gelegentlich, nach Vergleichung mehrerer Calendarien des 14. und 15. Jahrhunderts, dass St. Walpurgentag, in unserer Gegend, nicht am 1. Mai, sondern am 25. Februar gefeiert wurde. Wie aber im 13. Jahrhundert?

Von einer Folge nach dem Rechte der Erstgeburt ist also nicht die Rede. Wahrscheinlich bedingte die Reichslehenschaft diese Abweichung [1]). Die Stadt soll niemals mehr als nur einen Herrn haben. Gewinnt derjenige unter den Brüdern, dem Villingen jetzt zugetheilt wird, mehrere Söhne, so soll auch unter diesen immer nur einer Herr sein können. Dieser Herr der Stadt soll aber in und um Villingen keine neue Burg oder Veste anlegen, die nicht schon vorhanden ist. Die Bürger sollen ihm nicht mehr als 40 Mark Silber jährlich zur Steuer geben [2]).

Wird das Schultheissenamt erledigt, so soll es der Herr, nach der Bürger Rath, einem erbaren Bürger leihen [3]). Die Bürger wählen einen Büttel (gebiutel, wol der lictor des Freiburger Stadtrechtes), dem der Schultheiss sein Amt leiht. Wenn ein Bürger wegen einer Unthat des Herrn Huld verliert, wegen eines blutigen Schlages oder minder oder mehr, so soll er nach dem Rechte der Stadt und durch das Urtheil der Bürger gerichtet werden. Wer Bürger zu Villingen ist, der soll von seiner Hofstatt dem Herren nicht mehr als einen Schilling Pfenning jährlich gelten [4]). Die Bürger erwählen den Herter und Hirten [5]) und der Schultheiss leihet diesen das Amt.

Der Herr übernimmt den Schutz und Schirm der Stadt. Diese wichtige Urkunde besiegelten die Grafen Friedrich und Egen von

---

[1]) In K. Rudolf's Lehenbrief vom 24. Mai 1283 sind alle „heredes legitimi" zur Nachfolge in Villingen und Haslach berufen.

[2]) Bei dieser mässigen Summe blieb es auch in der Folge. Das Repertorium von 1686 führt zum Jahre 1302 eine Quittung über 40 M. S. jährlicher Steuer an. Auch die Herzoge von Österreich erhoben in den Jahren 1344, 1345, 1346, 1347, 1349, 1358, 1363, 1373, 1382 und 1404 nur je 40 M. S., wie ich aus Abschriften entnehme, welche Prof. Kefer von Originalquittungen gefertigt hat.

[3]) Prof. Kefer hinterliess in seinen Collectaneen auch ein Verzeichniss der Schultheissen und Bürgermeister. Von 1300—1326 finden wir als Schultheissen abwechselnd nur Hug Stähelli und Walther Lechler. Stähelli erscheint indessen öfter in dieser Würde als Lechler. Da zu vielen Jahren die Schultheissen nicht bekannt sind, lässt sich über den Turnus aus dem Verzeichnisse nichts ersehen. Die Stähellin, die sich später Stähellin von Stockburg (bei Bräunlingen) schrieben, waren Fürstenbergische Vasallen und gehören zu den Patriciern.

[4]) Dieser Ansatz entspricht der deutschen Version der Freiburger Verfassungsurkunde von 1293. Freib. Urkb. 1, 123. Das alte Stadtrecht hat „de qualibet area 12 den. publice monete l. c. 1, 3."

[5]) Das älteste Freiburger Stadtrecht hat nur den pastor. Es scheinen aber die beiden Bezeichnungen nicht tautolog zu sein.

Fürstenberg, Bischof Rudolf von Constanz, Graf Albrecht von Hohenberg, Markgraf Heinrich von Hachberg, Graf Egino von Freiburg, Graf Ulrich von Montfort, Graf Mangold von Nellenburg und Graf Götz von Tübingen. Die Grafen Konrad und Gebbard von Fürstenberg, die noch nicht eigenes Siegel führen, verbinden sich mit ihren Brüdern [1]).

Man wird nicht behaupten wollen, dass den Grafen, laut dieses Vertrages, grosse Macht in der Stadt geblieben sei. Die Brüder setzten, noch vor Ablauf der bedingten Frist, den Grafen Egen (Egino) zum Herrn ein. Dieser gab der Stadt am 24. August 1286 einen Revers [2]), in welchem er verspricht, die in der Urkunde vom 16. October 1284 enthaltenen Puncte getreulich einzuhalten. Es siegelten mit ihm Graf Albrecht von Hohenberg, Markgraf Heinrich von Hachberg, die Grafen Egen und Heinrich von Freiburg, Graf Ulrich von Montfort, Graf Mangold von Nellenburg, Graf Götz von Tübingen und Graf Friedrich von Fürstenberg.

Anfänglich scheint Graf Egino mit der Stadt in gutem Einvernehmen gelebt zu haben. Im Jahre 1288 vergabt er an das Hospital daselbst [3]) den Bauplatz, auf welchem dasselbe gegründet wurde und schenkt demselben alle Rechte und Freiheiten, welche das Hospital zu Freiburg von der dortigen Herrschaft erhalten hat. Das geschah mit Zustimmung seiner lieben Bürger zu Villingen. Im Jahre 1290 aber, am 20. Juli, stellt der Graf den Bürgern bereits einen Sühnbrief aus, in welchem das Versprechen gegeben wird, sie nimmermehr an ihren Rechten zu irren und alles zu halten, was in der Handfeste stehe, welche er ihnen gegeben habe. Egen stellt hiebei neun seiner Freunde (Verwandten) und Dienstleute zu Bürgen, die zu den Heiligen schwören, auf Mahnung der Bürger, in einem Monate Abhilfe zu schaffen, wenn Graf Egen die getroffene Vereinbarung überfahren sollte. Auch verpflichten sich dieselben dazu, dem Grafen in keiner-

---

[1]) Die Siegel sind wohlerhalten, mit Ausnahme desjenigen des Bischofs von Constanz, welches fehlt.

[2]) Geben ze Villingen 1286 an St. Bartholomäustage. Abschrift im f. Fürstenb. Archive nach dem Orig. zu Villingen. Ich habe diese Abschrift zwar nicht mit dem Original, wohl aber mit einer, in Kefer's Nachlasse befindlichen, Cop. vidim. von 1790 verglichen und sachlich übereinstimmend gefunden. Nur die Sprache hatte Noth gelitten

[3]) 1288 ohne Tag. Act. et dat. Vilingen ind. prima. Abschrift im f. Fürstenb. Archive.

lei Weise gegen die Stadt, mit Worten und Werken, Rath und That, behilflich sein zu wollen.

Es sind dieses: Graf Friedrich von Fürstenberg (Egen's Bruder), Friedrich und Brun von Hornberg, die er seine Oheime nennt, Heinrich und Konrad von Blumeneck, Hug von Schilteck und Johann sein Sohn, Brun und Johann von Kürneck [1]).

Wir wissen nicht, welche Puncte in dem zwischen Fürstenberg und der Stadt 1286 aufgerichteten Vertrage überfahren worden waren, können aber aus einer königlichen Verfügung entnehmen, dass der Streit ein ziemlich heftiger gewesen ist.

K. Rudolf schreibt am 8. November 1290 aus Altenburg an die Rathmannen und Bürger zu Villingen, dass er ihnen auf inständige Bitte des Grafen Egino von Fürstenberg, seines lieben Getreuen, den bisher gegen sie gehegten Groll nachlasse und sie wieder zu Gnaden aufnehme. Leider ist die Ursache der königlichen Ungnade in der Urkunde nicht berührt [2]).

Graf Egen (Egino) hatte sich vermuthlich zuerst beim Könige beschwert und dann, nach erfolgter Aussöhnung mit der Stadt, seine Fürbitte eingelegt.

Zu heftigen Reibungen kam es nach dieser Sühne nicht mehr. Ob aber ein ganz gutes Einvernehmen hergestellt wurde, das dürfte sehr zu bezweifeln sein, obgleich Graf Egen im Jahre 1299 [3]), zwischen den Bürgern zu Villingen und seinem Bruder dem Grafen Gebhard von Fürstenberg einen Vertrag zu Stande brachte, in welchem der letztgenannte Graf auf die Klage verzichtet, die ihm

---

[1]) An dem nehsten donrestage vor sante Marien Magdalenentage 1290. Abschrift im f. Fürstenb. Arch. nach dem Orig. zu Villingen. Ich habe auch diese Abschrift mit einer in Kefer's Nachlasse befindlichen Copia vidimata von 1700 verglichen.

[2]) Böhmer, Reg. Rud. 1245 in Addit. I. Abdruck bei Fickler, Quellen und Forschungen 98. Das wohlerhaltene Original befindet sich im Archive der Stadt Villingen, wo ich dasselbe eingesehen habe.

[3]) Die Urkunde ist abgedruckt bei Fickler, Quellen und Forschungen 99. Die Bemerkung des Editors, dass, statt nünzig vnd ain jare, wol nünzig vnd nün jaro hätte geschrieben werden sollen, findet ihre Bestätigung durch das Repertorium von 1686, wo die Urk. zu 1299 eingetragen ist. Es wäre aber sehr nützlich gewesen, wenn Fickler angegeben hätte, ob er die Urkunde nach dem Originale oder nur nach einer Abschrift gegeben habe. Sollte nicht, statt Grave G. von Vürsteberch hiener genannt, zu lesen sein: hievor genannt? Der Beiname hiener ist mir etwas unwahrscheinlich. Sindelstein, jetzt Zindelstein, war eine Burg bei Wolterdingen, nicht weit von Donaueschingen, und schon 1225 im Besitze des Hauses Urach (Fürstenberg). Gerbert Hist. nig. silv. 4, 103.

gegen die Villinger zusteht, welche seinen Bann zu Zindelstein überfahren hatten.

Die Stadt, der man hieraus keinen Vorwurf machen kann, fuhr fort in ihren auf grössere Selbstständigkeit gerichteten Bestrebungen. Die ganzen Zeitverhältnisse waren ihr hiebei günstig. Als ihr K. Albrecht am 30. September 1298 das schon von seinem Vater anerkannte Privilegium de non evocando bestätigte, geschah der Grafen von Fürstenberg in dieser Urkunde keine Erwähnung. Dagegen wird die getreue Anhänglichkeit, welche die Stadt gegen das Reich hege, ausdrücklich hervorgehoben¹). Auch scheint es, als ob die schon von K. Rudolf geregelte Frage, hinsichtlich der Ansprüche des Reiches auf Villingen und Haslach, im Jahre 1297 nochmals in Angriff genommen worden sei. Es stellt nämlich K. Wenzel von Böhmen am 23. August dieses Jahres zu Kaden einen Willbrief aus, in welchem er den vormals (1282) von seinem Schwiegervater K. Rudolf seligen, mit dem Grafen Heinrich von Fürstenberg wegen der genannten Städte abgeschlossenen Vergleich bestätigt²). Ein gleiches geschah auch zu Prag, am 4. Juni 1297, durch den Herzog Albert von Sachsen, der seinen am 19. September 1282 ertheilten Willbrief wörtlich wiederholt³). Ob sich K. Adolf mit dieser Sache befasste, ist nicht bekannt⁴).

Das Verhältniss der Grafen von Fürstenberg zur Stadt Villingen, so wie sich dasselbe am Schlusse des 13. Jahrhunderts urkundlich herausstellt, dürfte also wol hinreichend begründen, wenn wir

---

¹) Böhmer Reg. Albert. 605 in Addit. 1. Ich entnehme den Inhalt dieser noch nicht gedruckten Urk. einer Abschrift vom Jahre 1665 in f. Fürstenb. Archive. Münch 1, 282 gibt an, diese Urk. sei vom 23. Aug. 1298. Das wäre gerade einen Tag vor der Königskrönung. Sie ist aber d. d. apud Nuremberch 11. Kal. Oct. 1298. ind. 12. reg. 1.

²) Dat. in Cadano 1297. X. Kal. Sept. ind. 10. reg. 1. In Orig., sowie auch im Vidimus des Abts von Thennenbach, von 1321, im f. Fürstenb: Arch. Da diese Urk. wegen des Tages zu Kaden (vergl. Kopp, Reichsgesch. 3, 238) nicht unwichtig ist, so gebe ich sie als Beil. II, nach dem Originale.

³) Ohne sich indessen auf denselben zu beziehen. Dat. Prage 1297. Feria tertia post festum pentecostes. Coaeves Datum per copiam im f. Fürstenb. Arch. Das Siegel ist abgefallen.

⁴) Dass der Herzog von Sachsen zu Pfingsten 1297 in Prag war, auf der grossen Fürstenversammlung, in welcher gegen K. Adolf die erste Berathung stattfand, wie das Reich besser zu regieren sei, ersehen wir aus Böhmer, Reichssachen 211. Daselbst ist auch von einem Tage zu Kaden die Rede, unter Verweisung auf Chron. Salisb. apd. Pez I, 394. Chron. Aul. reg. apd. Dobner 5, 120 u. s. w.

diese Stadt nicht so unbedingt für die Perle der Fürstenbergischen Besitzungen halten können. Das Verhalten der hier in Betracht kommenden Kaiser und Könige, von K. Friedrich II. bis zu K. Albrecht I., war, im Grunde genommen, doch mehr dazu geeignet, der Bürgerschaft den nöthigen Rückhalt zu geben, als den Grafen ihre Gerechtsame zu erhalten. Sogar aus jener kurzen Zeit, in welcher K. Friedrich II. die Stadt ohne Mittel an das Reich zurückgenommen hatte, mögen sich gewisse Traditionen erhalten haben. Als K. Friedrich bereits gebannt war, kurz vor dessen Tode, finden wir die Bürger von Villingen unter seinen entschiedenen Anhängern [1]).

Fernerhin lässt sich, sogar bei Abmangel bestimmter Nachrichten, mit ziemlicher Sicherheit annehmen, dass die in der Schwesterstadt Freiburg i. B. schon zum Jahre 1248 nachgewiesenen Verfassungskämpfe [2]), bei denen die Grafen von Freiburg zu einer nachgerade ziemlich vollständigen Passivität herabgedrückt wurden, auch auf die Stimmung von Villingen einigen Einfluss ausübten. Die Städte suchten sich vor ungesetzlicher Vergewaltigung zu schirmen. Das war ganz in der Ordnung. Ebenso gewiss ist aber auch, dass sie ihre Forderungen, im weiteren Verlaufe des Haders, oftmals höher spannten, als ihnen das historische, positive Recht streng genommen erlaubte. Auch dieses liegt in der Natur der Verhältnisse.

In Freiburg gestaltete sich die Lage des Grafen besonders desshalb so ungünstig, weil sich Graf Egino III. gegen den König sträubte, während sein Bruder Graf Heinrich von Freiburg und sein Vetter Graf Heinrich von Fürstenberg zu Rudolf's Anhängern und Getreuen gehörten [3]). Schon im Jahre 1275 sah sich K. Rudolf dazu genöthigt, die Stadt zu belagern [4]).

Eine zweite Belagerung nahm einer der Söhne des Königs, wahrscheinlich Graf Hartmann, mit vielen Grafen und Herren im August 1279 vor [5]). Der Erfolg war aber ein ganz ungenügender.

---

[1]) Papst Innocenz IV. schreibt am 26. Jänner 1249 an den Erzbischof von Mainz „ut hominibus de Nuwenburch, de Fillingen Friderici fautoribus omne ministerium et solatium ecclesie abstrahat, et faciat eos excommunicatos publice nuntiari. Regesta Innoc. IV. In der Bibl. des liter. Vereines. Stuttgart 1846, S. 175. Stälin 2, 197. Note 5. Schreiber, Gesch. der Stadt Freiburg (1857) 2, 38.
[2]) Schreiber l. c. 2, 47 ff.
[3]) Vergl. Schreiber l. c. 2, 64.
[4]) Ann. Colmar. Font. 2, 8. Böhmer, Reg. Rud. nach 200.
[5]) Ann. Colm. l. c. 14.

(Roth v. Schreckenstein.)

Die Stadt, deren Bürgerschaft damals fest zum Grafen hielt, widerstand den Angriffen der Belagerer.

Daher sah sich K. Rudolf nochmals in die Lage versetzt, in Person zu erscheinen, im October 1281 [1]). Am 23. October kam zwischen ihm und dem Grafen Egino ein Vergleich zu Stande, in welchem unter anderem auch bestimmt wurde, dass der Graf alles Reichsgut, welches er an sich gezogen hatte, zurückgeben müsse und dass ihm der König darum Recht thun solle, wenn er es suche [2]). Dieser Punct ist von Wichtigkeit. Es handelte sich also, wie bei Villingen und Haslach, um eine Prüfung und Anerkennung von Besitztiteln, die aus der Zäringer Erbe flossen.

Das gute Einvernehmen zwischen dem Grafen und der Bürgerschaft war aber nicht von langer Dauer. K. Rudolf musste, am 17. Juni 1282, durch seine Boten richten und schlichten lassen [3]). Wir heben aus dieser Urkunde nur hervor, dass die Stadt, die ihrem Grafen bisher 100 Mark Silber als Steuer bezahlte, von nun an 200 Mark zahlen sollte. Die Grafen von Fürstenberg erhoben, wie bereits erwähnt wurde, im Jahre 1284 nur 40 Mark von Villingen.

War auch Freiburg bedeutend grösser, so wird sich das Verhältniss der Leistungsfähigkeit der beiden Städte doch kaum wie 5:1 gestellt haben.

Was nun die Grafen von Freiburg betrifft, so genügt es zu wissen, dass dieselben, trotz einer ganzen Reihe von Sühnversuchen, seit dem letzten Viertel des 13. Jahrhunderts nie mehr in ein eigentlich gedeihliches Einvernehmen mit ihrer Bürgerschaft kamen. Die Stadt war hiebei der mächtige, der gewinnende Theil. Die Grafen sanken nach und nach, nicht ohne eigene Schuld, aber auch keineswegs nur durch dieselbe, zu einer so bedenklichen Lage herab, dass ihnen nur noch der Schatten eines Regimentes blieb [4]).

Aber auch in Villingen sollte die Gewalt der Grafen von Fürstenberg noch weiter herabgedrückt werden, als bereits durch die schon erwähnten Verträge geschehen war. Im Jahre 1303 bewilligte Graf

---

[1]) Ann. Colm. l. c. 17.
[2]) Schreiber, Urkb. der Stadt Freib. 1, 91.
[3]) Schreiber, Urkb. 1, 92.
[4]) Vergl. Stälin 3, 102 und Kopp Reichsgesch. 5, 404.

Egen von Fürstenberg der Stadt, dass sie das Schultheissenamt fünf Jahre lang aus der Zahl der Vierundzwanziger besetzen dürfe [1]).

Graf Egino von Fürstenberg, Herr zu Villingen und Haslach, starb im Jahre 1324. Nunmehr trat in der That der in der Urkunde vom 16. October 1284 vorgesehene Fall ein. Der Herr von Villingen hinterliess zwei Söhne, während doch die Stadt nur unter einem einzigen Gliede des gräflichen Hauses stehen konnte und wollte. Am 30. Mai 1324 [2]) verständigten sich die Brüder Graf Johann und Graf Götz von Fürstenberg vorläufig mit der Bürgerschaft dahin, dass sie eidlich angelobten, die Stadt bei allen Rechten und Freiheiten zu erhalten, welche diese unter ihrem Vater dem Grafen Egen besessen habe. Fernerhin sagten sie der Bürgerschaft zu, dass sie, bis zu St. Johannis zur Sonnwenden, und von dort an in zwei Jahren, also bis zum 24. Juni 1326, einen von ihnen beiden der Stadt zum Herrn setzen wollten. Man bemerke, dass, während das Versprechen, die Stadt bei ihren Rechten zu erhalten, ein eidliches war, die weitere Versprechung keine eidliche gewesen ist, „vnd so die zwei iar für komment, so sun wir inen einen herren vnder vns geben, swenne si es vorderen".

Derjenige unter den beiden Brüdern, welcher innerhalb der Frist zum Herrn der Stadt eingesetzt wird, soll derselben alle jene Puncte verbriefen, die in den älteren Verträgen enthalten sind [3]).

Sollten die beiden Brüder innerhalb der zwei Jahre Stösse mit einander bekommen, so ist die Stadt nicht gehalten, einem unter ihnen beizustehen. Um nun den Villingern jede gewünschte Sicherheit zu geben, siegelten, mit den beiden Brüdern Johann und Götz, auch Graf Gebhard von Fürstenberg, Chorherr zu Constanz (ihr Oheim), Markgraf Heinrich von Hachberg, die Grafen Konrad von Freiburg, Hug von Bregenz, Heinrich von Fürstenberg (der Sohn ihres Oheims Friedrich) und Rudolf von Hohenberg, sowie Herr Walther von Geroldseck. Die Stadt war also, in Hinsicht auf die Erhaltung des status quo, hinreichend gesichert. Aber sie verlangte mehr. So scheint es wenigstens.

---

[1]) Archivrepertorium von 1686 zu Villingen.
[2]) G. ze Vilingen an dem nehsten gutentage vor dem pfingsttage 1324. Copia vidimata von 1790 in Kefer's Nachlass.
[3]) Sie werden einzeln aufgeführt. Es sind die in den Urkk. vom 16. Oct. 1284. und vom 24. Aug. 1280 enthaltenen Puncte.

Noch ist zu bemerken, dass in das Jahr 1324 ein von K. Ludwig dem Baiern erlangtes Privilegium fällt. Die beiden Grafen Johann und Götz [1]) liessen sich am 27. Juni die dem Reiche in der Stadt Villingen von der dortigen Judenschaft zustehenden Nutzungen verleihen. Die Verleihung erfolgte nur auf Widerruf, doch sollten K. Ludwig's Nachfolger am Reiche gehalten sein, den Grafen oder deren Nachkommen die Summe von 50 Mark Silbers zu gelten, wenn sie die Judensteuer wieder an sich ziehen wollen [2]).

Obgleich in der Urkunde gesagt ist, dass sich diese Concession auf die Dienste gründe, welche die Grafen dem Könige geleistet hätten, so fehlen uns doch weitere Anhaltspuncte, um die Fürstenberger [3]) für eifrige Anhänger des Baiern zu halten.

Nach der Schlacht von Mühldorf (1322, 28. Sept.), wurde K. Ludwig von Vielen anerkannt, die vormals seine Gegner gewesen waren, und unter den schwäbischen Grafen und Herren kam es sogar vor, dass man sich bei der Sühne mit dem Sieger ausdrücklich vorbehielt, zum Hause Österreich nicht in ein feindliches Verhältniss treten zu müssen [4]).

Die beiden jungen Grafen von Fürstenberg würden, um das Jahr 1324, in Schwaben sehr vereinzelt gestanden sein, wenn sie sich, den Traditionen ihres Hauses gemäss, ganz unbedingt zu Österreich hätten halten wollen. Über die Stimmung der Bürgerschaft zu Villingen sind wir nur auf Vermuthungen angewiesen. Freiburg war im Jahre 1324 bairisch gesinnt [5]). Mit Zuverlässigkeit kann man dagegen annehmen, dass sich die auch in anderen Städten Schwabens um jene Zeit wahrnehmbare demokratische Strömung [6]) auch auf

---

[1]) Die Urk. hat Gotfrid.

[2]) Geben Frankfurt Mitwoch nach St. Johannstag zur Sonnwenden 1324. Orig. im f. Fürstenb. Arch. Da die Urk. noch nicht gedruckt ist, gebe ich sie als Beil. III.

[3]) Mit Münch 1, 334. Am 27. Juli 1325 wurde Graf Götz von Fürstenberg Bürge des Herzogs Leopold von Österreich bei dem Grafen Ulrich von Wirtemberg. Stälin 3, 171. Nach dem Orig. im Archiv zu Stuttgart.

[4]) Vergl. Stälin 3, 163.

[5]) Das scheint aus dem Umstande hervorzugehen, dass Graf Konrad von Freiburg, als er sich am 25. Mai 1324, mit dem Bischofe von Strassburg und der Stadt Kolmar, in ein Bündniss mit Herzog Leupold von Österreich einliess, die Bürger und die Stadt Freiburg von den etwa zu befehdenden Personen ausnahm. Urk. bei Lichnowsky 3, Beil. VIII. Die Stadt verfolgte wol ihre eigene Politik. Vergl. auch Schreiber, Gesch. der Stadt Freib. 2, 113.

[6]) Vergl. Joh. Vitodur. ed. G. v. Wyss 156 und Stälin 3, 221.

Villingen erstreckte. Der mehr oder minder heftige Kampf der Zunftgenossen gegen das Altbürgerthum der ritterbürtigen Geschlechter (Patricier) war an der Tagesordnung.

Auch in Villingen hatte das Zunftregiment die alte, mehr aristokratische Verfassung siegreich verdrängt. Wir wissen dieses mit Bestimmtheit aus der merkwürdigen Urkunde, welche die beiden Grafen Johann und Götz von Fürstenberg am 7. December 1324 ausstellten [1]).

Der wesentliche Inhalt dieser Urkunde ist folgender. Die Grafen bestätigen, mit gutem Willen, Wissen und Rathe des Schultheissen, Bürgermeisters und der Vierundzwanziger, des grossen Rathes und der Gemeinde zu Villingen, dem Bürgermeister und den Zünften ihre Rechte und bestimmen, dass alle ihre Nachfolger, wenn sie den Bürgern und der Stadt schwören, mit in den Eid nehmen sollen, Bürgermeister und Zünfte aufrecht zu erhalten [2]).

Hinsichtlich der Wahl zum Bürgermeister wird bestimmt, dass die Vierundzwanziger und die Zunftmeister, ein jeder Zunftmeister selbfünft, also wol mit vier seiner Zunftgenossen, auf ihren Eid einen Bürger von Villingen bezeichnen sollen, welcher dem Grafen, der Stadt und dem Lande passend sei. Der Gewählte darf nicht ablehnen. Versucht er es gleichwohl, so soll ihn der Rath dazu zwingen, ein Jahr lang aus der Stadt zu fahren. Will er dann nach Jahresfrist wieder einfahren, so muss er zur Busse eine Mark Silbers in die geschworene Einung legen. Er erhält jedoch für seinen Dienst jährlich sechs Mark Silbers und ist auch, für die Dauer desselben

---

[1]) Geben zu Vilingen an dem nechsten freitage nach St. Nicolaustage 1324. Es liegt mir diese Urkunde in einer Abschrift des Jahres 1605 im F. Fürstenb. Archive und in einer aus Kefer's Nachlasse stammenden Copia vidimata von 1790 vor. Beide Abschriften stimmen überein. Wäre nicht in beiden Abschriften die Sprache gar sehr verdorben, so wäre wol ein Abdruck am Platze.

[2]) Das Amt eines Bürgermeisters ist in Villingen bis 1306 nachgewiesen durch Kefer'sche Excerpte aus Originalurkunden. Vergl. Mone's Zeitschrift 8, 115. Die älteste Originalurkunde des Karlsruher Generallandesarchivs, welche das Amt eines Bürgermeisters zu Villingen erwähnt, ist nach Bader's Angabe l. c. 8, 373 vom 8. Mai 1315. Im f. Fürstenb. Arch. befinden sich Originalurkunden von 1310 und 1311, in welchen bereits der Bürgermeister von Villingen genannt ist. Die Vierundzwanziger sind wol dem Freiburger Rechte nachgebildet. Schon das älteste Stadtrecht kennt die XXIIII consules, Schreiber, Urkb. 1, 8. Das waren die sog. alten Vierundzwanziger. Die sog. neuen Vierundzwanziger wurden 1248 den alten beigesellt. Statuimus preterea alios viginti quatuor prioribus viginti quatuor conjuratis fore adjongendos. Schreiber, Urkb. I, 53,

frei von aller Steuer. Er hat zu schwören, den Nutzen der Grafen Johann und Götz von Fürstenberg und der Stadt Villingen nach Kräften wahrzunehmen und die Zünfte bei ihren Rechten zu erhalten. Den Grafen bleibt das Recht, den Bürgermeister zu bestätigen. Haben sie aber denselben angenommen, so schwören alle Bürger, die älter als 16 Jahre sind, dem Bürgermeister in allen ehrbaren Dingen, in der Stadt und im Felde, Gehorsam zu leisten und die Rechte der Zünfte zu wahren.

Von diesem Eide sind befreit der Schultheiss und die Vierundzwanziger, welche auf ihren dem Grafen und der Stadt geschworenen Eid hingewiesen werden. Sollte ein Bürgermeister abgesetzt oder verstossen und hierauf wegen solcher Sachen, die er für die Stadt gethan, angegriffen werden, so soll ihn die Stadt schadlos halten, es wäre denn dass derjenige, welcher ihn bekümmert eidlich nachweisen würde, dass die betreffende Angelegenheit die Stadt nichts angehe.

Hinsichtlich der Zunftmeister wird bestimmt, dass Schultheiss und Bürgermeister auf ihren Eid aus jeder Zunft neun Personen zu sich nehmen und mit diesen der betreffenden Zunft einen neuen Meister geben sollen, wie es sich für die Herren der Stadt, die Stadt und die Bürger wohl füge. Wollten Schultheiss und Bürgermeister dieses nicht thun, so könne die Zunft sich selbst einen Meister geben. Den Zunftmeistern ist gestattet mit den bewaffneten Genossen ihrer Zunft auszufahren, wenn es der Herren oder der Stadt Noth erheischt.

Bürgermeister und Zunftmeister werden alle Jahre auf St. Johann zur Sonnwenden gewählt. Wer zum Zunftmeister gewählt wird und ungehorsam ist, der soll ebenfalls ein Jahr aus der Stadt fahren und bei seiner Rückkehr eine Mark Silbers an die Zunft zahlen. Hiedurch hat er sich aber nicht für immer befreit, denn im dritten Jahre verfällt er wieder der gleichen Busse, wenn er gewählt wird und sich neuerdings weigert.

Die Richter werden gewählt durch den Schultheissen, Bürgermeister, die Vierundzwanziger und den grossen Rath gemeinsam, aus den „erbarsten und witzigesten" der Stadt. Es sollen deren, mit dem Schultheissen und Bürgermeister, im Ganzen vierundzwanzig sein. Stirbt einer derselben, so muss er in Monatsfrist ersetzt werden, oder man soll in der Stadt nicht richten, es wäre denn über blutige Wunden und über Gülten.

Niemand soll Schultheiss, Bürgermeister, Richter oder Zunftmeister sein und in den Rath, den grossen und den kleinen, gehen können, welcher nicht Bürger von Villingen ist. Bei Bürgeraufnahmen entscheiden Schultheiss, Bürgermeister, Richter und der grosse Rath gemeinlich nach Stimmenmehrheit. Dessgleichen auch über alle Fragen und Sachen, zu denen man der Stadt Siegel bedarf.

Bewirkt ein Bürger zu Villingen ein Ding, das den Grafen oder der Stadt zu Schaden gereicht, so solle er sich vor dem Bürgermeister eidlich reinigen, oder des Grafen Huld verloren und kein Recht mehr in der Stadt haben. Die Zunftmeister gehen stets in den Rath um alle Dinge. Bedünket den Schultheissen und den Bürgermeister, dass man den grossen Rath versammeln müsse, so soll man hiezu mit der Glocke das Zeichen geben. Die Urkunde ist besiegelt von den beiden Grafen und von der Stadt.

Offenbar ist dieser Zunftbrief eine Nachbildung der am 28. August 1293 der Stadt Freiburg vom Grafen Egino von Freiburg ertheilten Urkunde [1]). Die wörtliche Übereinstimmung vieler Sätze, besonders des Einganges, ist eine so vollständige, dass man nicht darüber zweifeln kann, wo das Vorbild gesucht und gefunden wurde.

Am folgenden Tage [2]) verbrieften die beiden Grafen der Stadt, dass derjenige unter ihnen, welcher zum Herrn bestimmt werde, unter seinem Siegel eine Urkunde ausstellen solle, in welcher von Wort zu Wort stehe, was in diesem Zunftbriefe enthalten sei.

Mittlerweile hatte aber im Hause Fürstenberg, zwischen der Haslacher und der Fürstenberger Linie, nicht jene Eintracht geherrscht, welche nothwendig vorhanden sein musste, wenn nicht die aufstrebende Stadt Siegerinn bleiben sollte. Villingen war wohlhabend und streitbar. Als Graf Eberhard von Wirtemberg im Jahre 1310 in des Reiches Acht verfiel, schädigten ihn die Villinger bis zu dem Grade, dass sie es für nöthig fanden, sich von Kaiser Heinrich VII. verbriefen zu lassen, dass ihnen nie zum Vorwurfe gereichen solle, was sie, in des Reiches Dienst, dem Grafen zugefügt hatten [3]). Im Jahre 1311,

---

[1]) Schreiber, Urkb. der Stadt Freib. 1, 140
[2]) Geben zu Villingen Samstag nach St. Niclastag 1324. Abschrift von 1665 im f. Fürstenb. Archive.
[3]) 1311, 17. Jul. im lager vor Brescia. Böhmer, Reg. Heinr. VII. 588 im Addit. I, und Stälin 3, 131.

am 9. September [1]), vereinbarten sich Schultheiss, Bürgermeister und Rath und die Bürger gemeinlich über den Ersatz, welcher denen geleistet werden sollte, die im Dienste der Stadt Villingen ihre Rosse verlieren oder gefangen genommen werden. In dieser höchst merkwürdigen Urkunde ist bereits von den Zunftmeistern die Rede. Es wird nämlich des Falles gedacht, dass der Bürgermeister und die Zunftmeister Jemanden im Dienste der Stadt reiten liessen.

Unter solchen Umständen war es gewiss sehr misslich, dass um das Jahr 1316 zwischen dem Grafen Egino von Fürstenberg, dem Vater der Grafen Johann und Götz, und dem Grafen Heinrich II. von Fürstenberg, dem Sohne des Grafen Friedrich, also zwischen nahen Vettern, eine Fehde entbrannte. Es ist bisher nicht gelungen, deren Ursache in Erfahrung zu bringen. Die Bürger von Villingen leisteten ihrem Herrn dem Grafen Egino pflichtschuldigen Beistand, oder aber es wurde dieser, gegen seinen Vetter, der Helfer der Stadt. Bei dem Mangel an bestimmten Überlieferungen lässt es sich nämlich nicht einmal feststellen, ob die Stadt Villingen durch den Grafen, oder ob dieser durch die Stadt zur Fehde mit seinem Vetter Heinrich veranlasst wurde. Am 1. November 1317 stellte Graf Egino der Stadt einen Schadlosbrief aus, in welchem er sie sogar als Schiedsrichterinn anerkannte [2]).

Im Jahre 1318 verspricht Graf Konrad von Freiburg der Stadt Villingen, dass sie wegen der Fürstenberg'schen Fehde von ihm nicht solle geschädiget werden [3]), und am 11. October 1322 vergleicht er sich vollständig mit der Stadt und den Brüdern Berchtold und Burkhart Zan, deren Vater Konrad selig von ihm gefangen genommen worden war [4]). Es unterliegt keinem Zweifel, dass Graf Konrad von Freiburg dem Grafen Heinrich II. von Fürstenberg gegen seinen Vetter Egino und die Villinger beistand.

---

[1]) Gebeu an dem nehsten dornstag nach vnser frowentag der jüngeren 1311. Abschrift des Prof. Kefer ex Orig. Villing.

[2]) Münch 1, 331, der sich auf Villinger Archivalien bezieht. Ich konnte daselbst keine Originalurkunden noch Abschriften finden, sondern nur einen Eintrag im Repertorium von 1686, vermöge dessen der Schadlosbrief am Abende vor Allerheiligen 1317 ausgestellt worden wäre. Es ist im Repertorium beigefügt, dass sich der Graf dem judicio der Bürger von Villingen unterwerfen wolle, was sich aber vielleicht nur auf die Ermessung des Schadenersatzes beziehen dürfte.

[3]) Villinger Repertorium von 1686, ohne Angabe des Tages.

[4]) Mone, Zeitschrift 8, 378.

Im Jahre 1324, Freitag nach Nicolaitag, am 7. December, also am gleichen Tage, an welchem die Grafen Johann und Götz von Fürstenberg den Zunftbrief ausstellten, sagten dieselben der Stadt Villingen zu, derselben wider Heinrich Grafen von Fürstenberg, Diethelm von Krenkingen, die von Almendshofen und andere Helfer beizustehen und ohne Zustimmung der Bürger keinen Frieden abzuschliessen [1]).

Von 1316 bis 1324 hat aber die Fehde zwischen den Grafen von Fürstenberg-Haslach und Fürstenberg-Fürstenberg sicherlich nicht gedauert, denn am 30. Mai dieses Jahres besiegelte ja Graf Heinrich II., wie oben bemerkt wurde, den von seinen Vettern Johann und Götz der Stadt Villingen gegebenen Zusagebrief. Es scheint also, aus Gründen, die wir nicht kennen, neuerdings ein Zwist entstanden zu sein. Die jungen Grafen waren wol noch schwerlich in der Lage, die Stadt in eine Fehde zu verwickeln, welche dieser nicht zusagte [2]).

Möglicher Weise hieng die erneuerte Fehde mit dem allgemeinen Zwiespalte im Reiche zusammen. Die Grafen Johann und Götz standen mit K. Ludwig auf gutem Fusse. Graf Heinrich II. dagegen war, wenigstens im Jahre 1315, ein Anhänger der Herzoge von Österreich [3]). Von einem später erfolgten Parteiwechsel dieses Grafen ist nichts bekannt.

Münch, der sich durch Amplificationen und vage Vermuthungen zu helfen sucht, wo ihm keine Quellen vorliegen, gibt nun freilich an [4]), Villingen sei fortwährend der Zankapfel zwischen den beiden Linien eines und desselben Hauses gewesen. Diese Angabe ist aber vollständig aus der Luft gegriffen, denn es liegt auch nicht ein einziges Schriftstück vor, aus welchem sich entnehmen liesse, dass Graf Heinrich II. von Fürstenberg-Fürstenberg nach dem Besitze der genannten Stadt gestrebt habe [5]).

---

[1]) Münch 1, 334 und Villinger Repertorium von 1686.

[2]) Dass die Stadt Villingen im Sommer 1319 Fehden zu bestehen hatte, beweist ein Rathsbeschluss vom 29. Juni. Es handelt sich um Normen, nach denen die Ablösung geschehen soll, wenn die Stadt zur Hälfte oder nach Vierteln aussieht. Geben freitag nach St. Johannestag zu sungichten 1319. Copie in Kefer's Nachlasse.

[3]) Urkunde vom 24. März 1315 bei Lichnowsky, Bd. 3 Reg. 314.

[4]) Geschichte des Hauses Fürstenberg 1, 334.

[5]) Vermöge der von seinem Vater dem Grafen Friedrich besiegelten Urkunde vom 16. October 1284 waren ja Graf Heinrich und seine Descendenz von der Ausübung von Herrenrechten in Villingen gänzlich ausgeschlossen.

Ebenso nichtig ist aber die weitere Angabe Münch's, dass nämlich zwischen den beiden Brüdern Johann und Götz über den Besitz von Villingen Missgunst entstanden sei, und dass Graf Götz, auf Anrathen seines Vetters Gebhard, vorzugsweise gesucht habe, das Herz der Bürgerschaft zu gewinnen, um hiedurch seinen Bruder Johann zu verdrängen. Wollte man M ü n c h Glauben schenken, so hätte Graf Götz den Bürgern von Villingen den Vorschlag gemacht, sie sollten sich von der Fürstenberg'schen Herrschaft auslösen, ein Vorschlag, der dann von den Grafen Johann und dessen Freunden mit Wärme aufgegriffen worden sei, weil keiner der Brüder dem andern den Besitz der Stadt gegönnt habe [1]).

M ü n c h hat aber nicht nur das Verfahren der Grafen von Fürstenberg in ein schiefes Licht gestellt, sondern auch dasjenige des Hauses Österreich. Er sagt nämlich, ebenfalls ohne jeglichen Beweis, „Villingen war von dem Erzhause seit längerer Zeit insgeheim bearbeitet und die feindselige Stimmung seiner Bürger gegen den Grafen [2]) sorgfältig genährt worden. Endlich im Jahre 1326 wagte es den entscheidenden Schritt, nachdem man vorläufig zwischen der Stadt und dem Grafen einen Vergleich zu Stande gebracht und Ersteren mit dem Gedanken des drohenden Verlustes der Stadt vertraut gemacht hatte". Es verlohnt sich nicht der Mühe, die Nichtigkeit solcher Angaben im Einzelnen nachzuweisen, da ja der Widerspruch zu früheren eigenen Behauptungen augenscheinlich ist. Zuerst wird der Plan der Veräusserung dem Grafen Götz und dessen Rathgeber dem Grafen Gebhard zugeschrieben, und hierauf lässt man Österreich, seit längerer Zeit, mit den unzufriedenen Bürgern heimlich conspiriren.

Ist man nur auf Vermuthungen angewiesen, und dieses ist bei der Frage nach den leitenden Beweggründen der Grafen allerdings der

---

[1]) Münch's einzige Quelle für diese Verdächtigung scheint der Artikel Villingen in Kolb's hist.-stat.-top. Lexikon von Baden 3, 326 gewesen zu sein. Auch hier wird der Graf Gebhard von Fürstenberg, Domherr zu Constanz und Pfarrherr zu Villingen, als derjenige bezeichnet, der dem Grafen Götz gerathen habe, er solle der Stadt den Vorschlag machen, die herrschaftlichen Rechte um eine Summe Geldes abzukaufen. Graf Johann, heisst es fernerhin, war auch bald hiemit einverstanden, indem er der Stadt ihre Freiheit lieber, als dem Bruder den Besitz derselben gönnte. Da ich Kefer's Collectaneen sorgfältig durchgesehen habe, kann ich die Versicherung geben, dass auch diesem Autor keine Beweismittel zu Gebot standen. Wenigstens hat er nirgends solche aufgezeichnet.

[2]) Gegen welchen? Es handelt sich um zwei Grafen.

Fall, so wird man denn doch rein persönliche Motive erst dann in
Rechnung stellen sollen, wenn man zuerst die sicher erkennbare Sachlage gehörig untersucht hat. Sicher ist allerdings, dass sich Graf
Johann und Graf Götz über den Besitz der Stadt noch nicht geeinigt
hatten, als am 16. Juni 1326 die Villinger dem Herzoge Albrecht
huldigten[1]), aber ebenso sicher ist auch, dass jenen bis zum
24. Juni 1326 zu dieser Einigung Frist gegeben war.

Münch geht von der Voraussetzung aus, dass der Besitz von
Villingen von beiden Brüdern begehrt worden sei. Es lässt sich aber,
ganz mit dem gleichen Rechte, die Vermuthung aufstellen, dass
keinem der beiden Brüder an dem Schattenregimente über eine Stadt,
die ganz entschieden zu stark war, um mit Gewalt von ihnen gebän-
digt werden zu können, viel gelegen sein konnte. Wer die Stadt
übernahm, der hatte ohne Zweifel seinen Bruder in anderer Weise
zu entschädigen.

War man nun darüber in's Klare gekommen, dass der Besitz von
Villingen in mancher Hinsicht ein belasteter sei, so lag es ziemlich
nahe, sich gemeinsam desselben zu entschlagen, sobald sich hiezu
eine günstige Gelegenheit darbot. Was uns an Urkunden über die
Veräusserung der Stadt vorliegt, das zeigt auch nicht die leiseste
Spur einer zwischen den Grafen Johann und Götz wegen des Besitzes
von Villingen bestandenen Zwietracht. Es müssen daher Münch's
mit grosser Zuversicht vorgetragene Behauptungen in's Gebiet der
Fictionen verwiesen werden.

Dass aber, vor dem Herbste 1326, zwischen der Stadt und den
Grafen heftige Zerwürfnisse entstanden waren, entnehmen wir sowohl
aus Urkunden, als auch aus einer glaubwürdigen chronikalischen
Quelle. Johann von Winterthur, der Barfüsser, der sich hiebei ganz
auf die Seite der Stadt stellt, berichtet[2]), die vornehmsten Bürger
(potiores) zu Villingen seien von ihren Herren den Grafen nach
Haslach berufen worden. Man habe dieselben mit Speise und Trank
reichlich bewirthet und dann, als sie ihre Waffen abgelegt hätten,
mit Gewalt zurückgehalten und in den Thurm geworfen, in welchem
sie hätten bleiben müssen, bis sie eine, in unrechtmässiger und

---

1) Lichnowsky, 3, Reg. 709. Ich komme auf die Urkunde zurück.
2) Joh. Vilodur. edit. G. v. Wyss. 97.

unbilliger Weise von ihnen verlangte, unerschwinglich grosse Summe Geldes bezahlt hätten. Als nun die Summe nicht habe aufgetrieben werden können, hätten sich die Herzoge von Österreich ins Mittel geschlagen und, theils aus Mitleid, theils in Erwägung ihres eigenen Vortheiles, einen Theil derselben, wohl die Hälfte (unam partem, puto mediam), an die Grafen ausbezahlt und in dieser Weise die Bürger befreit, aber die Stadt für sich und ihre Erben ewiglich erworben. Genau war Johann von Winterthur über diesen Vorgang jedenfalls nicht unterrichtet, was schon daraus hervorgehen dürfte, dass er denselben, ganz allgemein, in die Zeit des Papstes Johannes XXII. (1316 — 1334) setzt. Was der Chronist von der Fehde der Villinger mit dem Grafen von Fürstenberg, in welcher das ganze Land verwüstet worden sei, im Verlaufe seiner oben besprochenen Angabe bemerkt, das scheint sich auf den Grafen Heinrich II. zu beziehen, doch ist die Angabe zu ungenau, um sicheren Anhalt zu gewähren.

Die Zeit, in welcher die Villinger Bürger zu Haslach niedergeworfen wurden, lässt sich nicht näher bestimmen. Kefer hat, bei Kolb im Artikel Villingen, die eben berührte Stelle des Johann von Winterthur mit späten Angaben combinirt[1]) und durch dieses unkritische Verfahren die Sache mehr verwirrt als aufgeklärt. Er gibt nämlich an, die Grafen hätten den gefangenen Bürgern 41000 Gulden als die Summe bezeichnet, für welche die Stadt des Fürstenberg'schen Schutzes, sie aber ihrer Haft erledigt werden sollten[2]). Das Wahre an der Sache scheint zu sein, dass die Zerwürfnisse zwischen Villingen und den Grafen einen so hohen Grad erreicht hatten, dass man sich beiderseitig zur gänzlichen Auflösung eines ungedeihlich gewordenen Verhältnisses bereit erklärte, über den Kaufpreis aber nicht völlig einig werden konnte.

Sicher ist, dass die Stadt Villingen dem Herzoge Albrecht am 16. Juni 1326 huldigte, also zu einer Zeit, in welcher sie dieses unmöglich thun konnte, wenn nicht die beiden Grafen Johann und Götz, die sich erst am 24. Juni darüber zu erklären hatten, welcher

---

[1]) -der ihm handschriftlich vorliegenden, nunmehr in Mone's Quellensammlung citirten Villinger Chronik.
[2]) Die Summe von 41000 Gulden gibt die Villinger Chronik zum Jahre 1325 an. Mone, Quellensamml. 2, 82 und 1, 220.

von ihnen Herr in Villingen sein solle, zur Huldigung ihre Einwilligung gegeben hatten. Wie dann, wenn die Niederwerfung der Villinger Bürger mit der ohne die Zustimmung der Grafen vollzogenen Huldigung in Verbindung stünde? Doch auch für diese Vermuthung ist keine Quelle vorhanden.

Die Huldigung der Stadt [1]) war eine vollständige. Der Schultheiss, Bürgermeister, Rath und die Bürger gemeinlich beurkunden, dass sie dem hochgebornen und mächtigen Fürsten, ihrem gnädigen Herrn Herzog Albrecht von Österreich und allen seinen Brüdern, freiwillig und unbezwungen gehuldigt haben.

Sie haben zu den Heiligen geschworen, dass sie ihn und alle seine Brüder und Niemand anders zu rechten Herrn haben und denselben, mit Leib und Gut, als ihrer rechten Herrschaft gehorsam sein sollen [2]), jedoch unbeschadet der Rechte und Freiheiten, über welche sie von ihrem Herrn selig, dem Grafen Egen von Fürstenberg und dessen Söhnen Briefe besässen, die ihnen auch von Herzog Albrecht bestätiget worden seien [3]). Herzog Albrecht war persönlich zur Huldigung in Villingen anwesend. Er stellte den Bürgern am gleichen Tage eine Urkunde aus, in welcher er ihnen die Fortdauer aller ihrer unter dem Hause Fürstenberg besessenen Freiheiten und Rechte zusicherte. Wahrscheinlich hatten sich die Grafen Johann und Götz mit dem Herzoge verständigt.

Albrecht weilte seit dem Beginne des Jahres 1325 im Elsass [4]). Seit dem Tode des am 23. Februar 1326 verschiedenen, tapferen Herzogs Leopold war Albrecht der hauptsächlichste Vertreter der dynastischen Interessen seines Hauses, obgleich K. Friedrich der Schöne († 13. Jänner 1330) noch am Lebn war. Durch die Vermählung mit Johanna, der Tochter des Grafen Ulrich von Pfirt, der im Jahre 1324 als der letzte seines Stammes starb [5]), wurde die Graf-

---

[1]) Lichnowsky, 3. Reg. 709. Geben ze Vilingen an dem achten tag vor sant Johansabend ze sunglichen 1326. (Datum per copiam.) Alte Abschrift im k. k. Haus-, Hof- und Staatsarchive zu Wien.

[2]) — iren schaden zu wenden vnd iren frumen ze werben, als laite iren rechten herren billich süllu.

[3]) Ich gebe die ganze Urkunde als Beilage IV, da sie sehr wichtig ist.

[4]) Liebnowsky, 3. Reg. 697 ff. Am 10. Mai war er mit seinem Bruder K. Friedrich in Offenburg. l. c. Regg. 704 und 705.

[5]) Kopp Reichsgeschichte 3, 82.

schaft Pfirt erworben, ein Ereigniss, welches auf die Haltung der Reichsstädte im Elsass nicht ohne Einfluss blieb, und auch die Bürger von Villingen dazu bestimmt haben kann, sich in Habsburgischen Schutz zu begeben. Herzog Albrecht handelte, wie bereits bemerkt wurde, zugleich auch im Namen aller seiner Brüder, als er den Villingern seinen Schutz und Schirm bewilligte.

Sollte nun auch die Stadt, aus dem am 30. Mai 1324 mit den Grafen Johann und Götz abgeschlossenen Vertrage, das Recht abgeleitet haben, sich unter anderweitigen Schirm zu begeben, wenn sich die genannten Brüder nicht einigen könnten[1]), so darf doch nicht übersehen werden, dass die Huldigung acht Tage vor Ablauf der den Grafen laufenden Frist erfolgte und dass dieselbe keine die Rechte des Grafen anerkennende Clausel enthält. Bader bemerkt ganz richtig, dass die Stadt seit dem 16. Juni vor der Hand nur in einem blossen Schutzverhältniss zu Österreich stand und dass die Eigenthumsrechte des Grafen von Fürstenberg durch die Huldigung nicht verändert werden konnten. Dass die Grafen Johann und Götz die Sache so auffassten, unterliegt keinem Zweifel. Am 23. August 1326 wurde in Offenburg unterhandelt[2]). Es beurkundet nämlich Graf Rudolf von Hohenberg an diesem Tage, dass er sich eidlich verpflichtet habe, Tröster und Bürge dafür zu sein, dass seine lieben Oheime die Grafen Johann und Götz von Fürstenberg alle jene Puncte erfüllen würden, welche Herzog Albrecht von Österreich, für sich und seine Brüder, mit den genannten Grafen, auf den Ausspruch des Bischofs Johann von Strassburg, ihn selbst den Grafen Rudolf, Herzog Lutzman von Teck, Otte von Ochsenstein und Walther von Geroldseck von Tübingen ausgesetzt hätte. Er beurkundet fernerhin, dass die Grafen von Fürstenberg sich dazu verpflichtet, es solle die Stadt Villingen mit allen Rechten und Nutzen, ohne einen Ersatz hiefür, dem Herzoge Albrecht von Österreich und dessen Brüdern ewiglich verfallen, wenn sie, die genannten Grafen, jene Puncte nicht hielten, die von den Taidigern festgesetzt würden. Endlich verbürgt er sich auch dafür, dass die Villinger Bürger, welche zu Haslach gefangen liegen, von den Grafen freigegeben werden sollten.

---

[1]) Vergl. Bader in Mone's Zeitschrift 8, 379, Note 2.
[2]) Urkunde geben samstag vor St. Bartholomeustage 1326 bei Mone, Zeitschrift 8, 379 und in Schmid, Urkb. zur Geschichte der Grafen von Hohenberg 249, ebenfalls nach dem in Karlsruhe befindlichen Originale.

Aus dieser Urkunde geht mit Sicherheit hervor, dass auch Herzog Albrecht von Österreich anerkannte, dass es ihm noch obliege, die Grafen von Fürstenberg zu entschädigen. Leider kennen wir die von den Schiedsrichtern aufgestellten Puncte nicht.

Wenige Tage nach diesen Verhandlungen, am 30. November 1326, am St. Andreastage, kam zu Ensisheim der wirkliche Verkauf zu Stande [1]).

Es beurkunden die Grafen Johann und Götz von Fürstenberg, Gebrüder, dass sie mit Rath ihrer Freunde und Diener dem Herzoge Albrecht von Österreich und dessen Brüdern die Stadt und den Kirchensatz zu Villingen, die Burg Waremberg [2]), die Dörfer Klengen, Beckhofen und Grüningen [3]) und das Brigenthal, mit Leuten und Gütern, Vogtei, Rechten und allen Nutzungen, um 7500 Mark Silbers Villinger Gewichtes verkauft haben. Ausgenommen von diesem Verkaufe sind: Herzogenweiler das Dorf, die Urach das Thal, Waldau das Dorf, Linach das Thal, Langenbach das Thal, Glasbach das Thal, Sinkingen das Dorf und Schönau das Thal [4]).

Auch behielten sich die Grafen ausdrücklich das Erbe vor, welches sie von ihrem Vetter dem Grafen Gebhard noch zu erwarten hätten. Dieses soll nicht in den Kauf eingeschlossen sein. Es siegelten mit den beiden Verkäufern Graf Rudolf von Hohenberg, Otte Herr

---

[1]) Lichnowsky 3, Reg. 719. Ich benütze eine Abschrift der im k. k. Haus-, Hof- und Staatsarchive zu Wien befindlichen, mit 5 Siegeln versehenen Originalurkunde. Dadurch, dass die Existenz des Originales dieser Urkunde nachgewiesen ist, schwinden alle Bedenken, welche in früherer Zeit Döpser, dem nur eine sehr mangelhafte Copia de Copia non vidimata vorlag, und auf dessen Autorität E. Münch 1, 336 gehegt hatten. Beilage V.

[2]) Waremberg ist eine abgegangene Burg bei Villingen, nicht Wartemberg bei Geisingen, wie bei Stälin 3, 172 steht.

[3]) Die genannten drei Orte liegen im Brigenthale zwischen Villingen und Donaueschingen. Beckhofen besteht jetzt nur noch aus zwei Höfen mit eigener Gemarkung.

[4]) Herzogenweiler ist ein Dörfchen seitwärts vom Brigen- (Brigach-) Thale gelegen, welches ehedem eine eigene Pfarrei hatte, zu welcher, nebst anderen Orten, Schönebach, Linach, Langenbach und Glasbach als Filiale gehörten. Dasselbe liegt zwei Stunden von Donaueschingen. Was das Thal Schönau betrifft, so führt dasselbe in den im 17. und 18. Jahrh. gefertigten Repertorien immer noch diesen Namen neben dem neueren Schönebach. Auch der Abt Georg Gaisser von St. Georgen scheint in seinen Tagebüchern zum 8. Jänner 1640, unter der vallis Schönaugiensis, Schönenbuch zu verstehen. Mone, Quellensamml. 2, 373. Sinkingen liegt bei Villingen. Die Urach endlich, die Urkunde hat „Durach das tal", ist ein zwei Stunden langes Thal, welches ungefähr zwei Stunden von Donaueschingen entfernt liegt.

von Ochsenstein und Herzog Ludwig von Teck[1]). Somit war also die Stadt in aller Form Rechtens an das Haus Österreich verkauft.

Völligen Abschluss erhielt der Handel durch eine am 1. December 1326 ausgestellte Urkunde[2]). Herzog Albrecht von Österreich bezeugt, für sich und seine Brüder, dass er die Grafen Johann und Götz von Fürstenberg und alle die dabei waren, als die Villinger Bürger in Haslach gefangen wurden, mit seinen lieben Bürgern zu Villingen völlig gesühnt und ausgerichtet habe. Es wird bestimmt, dass die Diener der Grafen von Fürstenberg zur Stadt Villingen im alten Rechte bleiben sollten. Die Bürger zu Villingen sollen keinen Vogtmann oder eigenen Mann der Grafen zu ihrem Mitbürger aufnehmen, es wäre denn, dass sich derselbe in den Ringmauern niederlassen wollte. Die Bürger von Villingen haben keinerlei Ansprüche zu erheben wegen Schulden, die Graf Egen, der Vater der beiden Grafen, contrahirt hatte, es seien nun wissende Schulden oder nicht. Doch sollen die Grafen alle kundbaren Gülten zahlen. Auch soll kein Schaden gehen auf die Grafen von Fürstenberg, von Juden, Geiselschaft oder sonst wie immer, seit der Zeit des zu Offenburg errichteten Vertrages. Es siegelten der Herzog Albrecht und die Stadt Villingen.

Neben solchen urkundlichen Angaben bleibt der chronikalischen Tradition, dass sich die Stadt selbst freigekauft habe, freilich nur sehr wenig Raum. Gleichwohl müssen wir die traditionelle Ansicht noch näher prüfen. Professor Kefer hat unter anderen Collectaneen auch einen kleinen handschriftlichen Aufsatz hinterlassen, welcher den Titel führt: „Pragmatische Geschichte der Loskaufung Villingens von der Herrschaft der Grafen von Fürstenberg und Ankaufs an das Haus Österreich. 1817." Ich konnte aus dieser auf 40 Seiten in Quarto gegebenen, sehr lückenhaften Darstellung, welche erst mit dem Vertrage vom 30. Mai 1324 beginnt, nur sehr wenig Neues entnehmen, da ich die in derselben, zum Theile in Extenso, mitgetheilten Urkunden grösstentheils schon kannte. Kefer bezieht sich aber

---

[1]) Ein Bruder des oben genannten Herzogs Lutzmann. Stälin 3, 697. Münch 1, 336 gibt an, der Verkauf sei um 8500 M. S. erfolgt. Und doch hat auch die Abschrift, welche ihm vorlag, ganz deutlich achthalb tusent mark silbers.

[2]) Geben Montag nach St. Andreastag zu Ensisheim 1326. Orig. im f. Fürstenb. Archiv. Beilage VI.

auch auf eine von Johann Michael Grüninger J. U. D. verfasste Abhandlung, aus welcher hervorgehen soll, dass sich in Villingen eine constante Tradition, „wiewohl ohne schriftlichen Grund", von der selbstbewirkten Loskaufung gebildet habe. Grüninger war vom Jahre 1680—1710 Stadtschreiber in Villingen. Er kannte das Archiv daselbst sehr genau, denn er hat das noch vorhandene Repertorium von 1686 angefertigt. Seiner Versicherung vom Vorhandensein einer Tradition wird man wol Glauben beimessen müssen. Nach Kefer's Angabe hätte die Bürgerschaft, um das ihr fehlende Geld zu beschaffen, den weiblichen Schmuck, Gürtel, Brust- und Halsketten, eingeschmolzen und ausgemünzt. Noch werde das Haus bezeichnet, in welchem dieses geschehen sei, nämlich des Valentin Ziegler Schmiede, in der niederen Strasse Nr. 288. Dagegen gibt eine, ebenfalls von Kefer angezogene, im Jahre 1748 verfasste historische „Deductio Antiquitatis Fürstenbergo-Villingianae" zu, dass die Sage vom Ausmünzen des Geschmeides und den zu Haslach im Thurme verschmachteten [1]) Bürgern der Stadt Villingen, eine gänzlich unfundirte Tradition sei. Man sicht hieraus, wie die Sage an bestimmte Thatsachen anknüpft, aber dieselben, bis zur völligen Entstellung der Wahrheit, erweitert und umgestaltet. Eben so wie der Sage von der harten Behandlung der Gefangenen zu Haslach wenigstens die urkundlich sichere Thatsache einer an dem genannten Orte von Villinger Bürgern erstandenen gefänglichen Haft zu Grunde liegt, ebenso scheint auch in der That der Sage vom Loskaufe ein bestimmtes, aber nicht mehr ganz deutlich erkennbares Factum zu Grunde zu liegen.

Die mehrfach citirte Villinger Chronik [2]) gibt an, die Stadt habe sich im Jahre 1325 (rectius 1326) um 41000 Gulden gelöst. Diese Summe, unverhältnissmässig gross für die Einkünfte, welche die Grafen aus Villingen zogen, stimmt so ziemlich mit den im Kaufbriefe genannten 7500 Mark, denn im Jahre 1346 zahlte man in Villingen für 40 Mark Silbers 210 Gulden guter gewogener Florin [3]). Nun ergab sich aber die Summe von 7500 Mark nicht allein aus dem Verkaufe von Villingen, sondern auch aus der Veräusserung der Burg Warenberg und der Dörfer Klengen, Beckhofen, Grüningen

---

[1]) Davon, dass die Bürger hätten verschmachten müssen, weiss Vitodurau nichts.
[2]) Mone, Quellensammlung 2. 82.
[3]) Abschrift einer Quittung in Kefer's Sammlung.
(Roth v. Schreckenstein.)

u. s. w. Es wird also, wie es scheint, von dem unbekannten Chronisten die ganze Kaufsumme irrthümlich auf die Stadt Villingen und deren Beisteuer bezogen.

Einigermassen wird die wahre Sachlage aufgeklärt durch eine Urkunde, welche Herzog Albrecht von Österreich am 2. December 1326 zu Ensisheim ausgestellt hat [1]). Der Herzog stellt nämlich der Stadt einen Schadlosbrief aus und sagt ihr in demselben zu, er werde sie dafür entschädigen, insoferne sie durch Geiselschaft, Leistung u. s. w. in Nachtheil käme, wenn sie den Grafen von Fürstenberg die 2000 Mark Silbers richte, welche sie denselben richten solle und ihm, dem Herzoge, jene 1000 Mark, welche er ihr vorgestreckt habe. Fernerhin verspricht er, die Stadt schadlos zu halten für alle Kosten, die ihr etwa dadurch erwachsen möchte, dass sie für den Rest der Summe, welche er, der Herzog, den Grafen von Fürstenberg noch zu bezahlen habe, Mitgült und Bürge geworden sei. Demnach hatte also die Stadt den Grafen von Fürstenberg 2000 Mark Silbers zu zahlen und für weitere 5500 Mark Bürgschaft zu leisten. Doch dürfte sich vielleicht die Bürgschaft nur auf eine geringere Summe belaufen haben, wenn nämlich der Herzog den Grafen, was beinahe anzunehmen ist, bereits eine Baarzahlung geleistet hatte. Welche Bewandtniss es mit den vorgestreckten 1000 Mark Silbers hat, ist aus der Urkunde nicht zu entnehmen [2]).

Obgleich nun die Kaufurkunde vom 30. November den Passus enthält „vmb achthalb tusent mark silbers lothiges vnd gebes Vilinger geweges, des wir von inen gar vnd gentzlichen geweret vnd verrichtet sin", so ist doch derselbe nicht von einer vollständigen Zahlung zu verstehen. Am 15. August 1329 bekennen die Grafen Johann und Götz von Fürstenberg, dass sie um das Silber, so ihnen noch auf diesen Tag die edeln Fürsten und gnädigen Herren Herzog Albrecht von Österreich und seine Brüder schuldig sind um den Kauf von Villingen, an die erbaren Leute den Schulsheissen, Bürgermeister und die Bürger gemeinlich von Villingen gestossen und wil-

---

[1]) An zinstag vor sant Nyclaustag 1326. Orig. im Archive zu Villingen. Beilage VII.
[2]) Vielleicht bezieht sich das Wort „inen" nicht auf die zu Eingang der Urkunde genannten Schultheiss, Burgermeister und Rath der Stadt Villingen, sondern auf die Grafen von Fürstenberg?

liglich gekommen seien, um tausend Mark Silbers, derselben Währung, so man ihnen auch das übrige Silber währen soll ¹).

Es scheint also, dass die Grafen von Fürstenberg nach und nach zu ihrem Gelde kamen.

Da Villingen ein Lehen vom Reiche war, liess sich Herzog Albrecht von den Grafen darüber einen Revers ausstellen, dass sie ihm die Belehnung von Kaiser und Reich verschaffen wollten. Wir erfahren dieses aus einem Vertrage, welchen die Herzoge Albrecht und Otto von Österreich am 15. Juli 1330 mit K. Ludwig in Hagenau abschlossen, worin es heisst: „sonderlich soll er uns Vilingen leihen, als die brief sagent, die wir von den edlen mannen grav Götzen vnd graf Johannsen von Fürstenberg darüber haben" ²).

Noch mag bemerkt werden, dass die Grafen von Fürstenberg, schon vor dem förmlichen Abschlusse des Kaufes, Villingen aufgegeben hatten. Als am 9. October 1326 Wernher von Tettingen von ihnen seiner Haft entlassen wurde ³), versöhnte er sich mit den Grafen Johann und Götz von Fürstenberg und allen denen, die dabei waren, als er zu Bräunlingen gefangen genommen wurde, mit Ausnahme der Villinger, deren Freund er nicht werden muss, er thue es denn freiwillig. Da wir nicht wissen, wie lange Wernher von Tetlingen in Haft war, lässt sich auch nicht einmal vermuthungsweise angeben, zu welcher Zeit jenes Treffen bei Bräunlingen vorfiel, in welchem die Villinger, in Gemeinschaft mit ihren Grafen, ohne Zweifel gegen die Helfer des Grafen Heinrich II. von Fürstenberg fochten. Auch scheint die Fehde der Stadt Villingen mit dem letztgenannten Grafen und dessen Helfern nicht ohne Nachwirkung geblieben zu sein, wenn man nicht annehmen will, es seien Zerwürfnisse mit der Stadt Freiburg auch noch durch andere, nicht bekannte Gründe erneuert worden. Am 18. April 1330 söhnte sich die Stadt Freiburg i. B. mit den Grafen Johann und Götz von Fürstenberg aus, wegen alles Schadens, der ihr war zugefügt worden während des Krieges, den sie, die Grafen, mit denen von Villingen hatten ⁴). Die

---

¹) Geben an unser frauentag in mitten augst 1329 Ausführlicher Extract in Kefer's Collectaneen. Das Orig. kenne ich nicht.
²) Gewoldi Defens. Lud. IV. p. 107.
³) Geben ze Tettingen 1326 an sant Dyonisien tag, indict. 10. Orig. im f. Fürstenb. Arch.
⁴) Geben ze Friburg 1330 an der nebsten mittewochen vor sante Gerientag. Orig. im f. Fürstenb. Arch. Ein nach einer Abschrift Kefer's gefertigter Abdruck in Mone's. Zeitsch. 3, 468. Statt Cunzzen von Egidingen hat das Orig. Cvnzzin von Nidingen.

Aussöhnung der Villinger mit den Freiburgern fand erst am 14. Mai 1333 Statt [1]).

Man ersieht aus dieser Urkunde, dass sich Villingen und Freiburg gegenseitig geschädigt hatten, zur Zeit als die erstere Stadt mit dem Grafen Heinrich II. von Fürstenberg in Fehde war.

Urkundliche Beilagen.

I.

K. Rudolf eröffnet sämtlichen des Reiches Getreuen, dass er den Bürgern seiner und des Reiches Städte schon vormals die Gnade gethan habe, sie von allen auswärtigen Gerichten zu befreien.

1278, 22. Mai, Wien.

(Stadtarchiv Villingen.)

Rudolfus dei gratia Romanorum rex semper augustus, vniuersis imperii Romani fidelibus presentes literas inspecturis gratiam suam et omne bonum. Ad vniuersitatis vestre notitiam tenore presentium cupimus pervenire, quod nos vniuersis nostris et imperii ciuitatibus, hanc iam dudum gratiam meminimus indulsisse, quod ciues dictarum ciuitatum super nulla questione seu causa possint ex ciuitate ad prouinciale iudicium euocari, quin pocius coram ciuitatis iudice conueniri. Econuerso quoque statuisse recolimus, vt, si ciuis alicui foraneo mouere habeat questionem, illum non in ciuitate, sed extrinsecus coram suo iudice debeat conuenire. Volentes itaque hanc libertatis gratiam in suo robore permanere, vobis vniuersis et singulis, sub obtentu gratie nostre districte precipientes, mandamus, quafenus contra statuta huiusmodi nullatenus veniatis, si indignacionem regiam volueritis cuitare. Datum Wienne XI. kl. junii indict. VI. anno M⁰. CC⁰. lxxviij. regni vero nostri anno quinto.

Orig. Perg. Mit wohlerhaltenem Siegel (Thronsiegel).

---

1) Schreiber, Urkb. der Stadt Freib. 1, 286.

II

Willbrief des K. Wenzel von Böhmen über den Vertrag zwischen dem Reiche und dem Grafen Heinrich zu Fürstenberg, die Städte Villingen und Haslach betreffend.

1297, 23. August, Kaden.

(Fürstl. Fürstenb. Archiv.)

Nos Wencezlaus dei gratia rex Boemie, dux Cracouie et Sandomerie, ac marchio Morauie, sacrique Romani imperii princeps et pincerna, notum facimus vniuersis harum seriem inspecturis, quod nos compositioni seu ordinationi facte olim per diue memorie dominum Rudolphum Romanorum regem illustrem, dominum et socerum nostrum karum, cum nobili viro Henrico comite de Furstenberk, super opidis Vilingen et Hasela cum eorum attinentiis, super quibus inter predictos regem et comitem questio uertebatur, prout in litteris ipsius regis inde confectis plenius contineri dicitur, nostrum benigne prestamus assensum, maxime cum compositio seu ordinatio predicta iuramento, quod rex ipse super bonis imperii non alienandis prestitit, nullum preiudicium afferre seu generare dicatur. In cuius rei testimonium presentes litteras fieri et sigillis (sic) maiestatis nostre iussimus communiri. Datum in Cadano anno domini millesimo ducentesimo nonagesimo septimo X°. kl. septembris, decime indictionis, regni nostri anno primo.

Orig. Perg. Mit einem Fragmente des Doppelsiegels des Königs Wenzel. (Auf der einen Seite Thronsiegel, auf der andern Reitersiegel.)

III.

K. Ludwig gestattet den Grafen Johann und Gotfrid zu Fürstenberg die Nutzung der Juden zu Villingen.

1324, 27. Juni, Frankfurt.

(Fürstl. Fürstenb. Archiv.)

Wir Ludowich von gots gnaden Römischer chunich, zů allen zeiten merer des riches, tůn chunt allen den die disen brief ansehent oder hörent lesen, daz wir, vmb besunderiv gunst, die wir zv̊ den edeln mannen Johann vnd Gotfriden brůder grafen zů Furstenberch vnsern lieben getrúwen haben, vnd auch dienst die si vns getan habent, gegeben habent nutz vnser juden zů Vylinge, die ietzon do wonent vnd hernach dar choment, als lange von in zehaben vnd in zenemen, von vnser wegen, biz daz wir daz wider rûffen. Waer aber, daz wir bei vnsern zeiten das niht wider rûften, so schullen die vorgenanten grafen der selben juden nutz inne haben vnd vf heben, als lange bis daz vnser nachomen an dem riche in fumfzich march silbers gelten, vnd si der richten, fůr die wir wellen daz danne der nutz ir pfant sei, vnd geben in dar úber zů vrchunde disen brief versigelten mit vnserm jnsigel, der geben ist zů Franchenfurt des mitihen nach sant Johanns tag ze svnnewenden, do man zalt von Christes geburde dreutzehen hundert jar dar nach in dem viervndzweintzgestem jar, in dem zehenden jar vnsers riches.

Orig. Perg. Das Siegel ist vom Ligamente abgefallen.

IV.

Die Bürger zu Villingen huldigen dem Herzoge Albrecht von Oesterreich und dessen Brüdern. Villingen, 16. Juni 1326.

(K. k. Haus-, Hof- und Staatsarchiv.)

Datum per copiam. Wir der schultheis, der burgermeister, der räte und die burger gemeinlich ze Vilingen, verjehen offenlich an disem brief vnd tun kunt allen den die jnn ansehent, lesent oder horent lesen, die nú lebent, oder hernach kúnftig sint, das wir dem hochgebornen und mechtigen fúrsten vnserm gnedigen herren, hertzog Albrechten ze Osterrich vnd ze Styr, und allen sinen brúdern vnd ir erben einmútiklich, mit gutem rate frilich vnd vnbetwungenlich gehuldet haben und gesworn zu den heiligen, daz wir jnn vnd all sin brúder vnd erben ze rechten herren haben sullen vnd nieman andern, vnd sullen inen, wir vnd vnser nachkommen, mit vnser stat ze Vilingen gehorsam sin mit vnserm lib vnd gůt, als vnserer rechten herschaft vnd trewe vnd warheit jemer me an jnen behalten, iren schaden ze wenden vnd iren frůmen ze werben, als lúte iren rechten herren billich sulln, an all geverd, in dem recht und friheit, als wir brief haben von vnserm herren seligen, graff Egen von Fúrstenberg vnd sinen súnen, die der egenannte vnser herre, herzog Albrecht mit sinen briefen vns ouch geben vnd bestetet hat. Wer ouch daz der vorgenannte vnser herre hertzog Albrecht vss dem lande fůre, welcher denn siner brůder in Swaben vnd in Elsazz were, dem sůllen wir gehorsam sin aller der vorganten dinge. Wer ouch daz ir dekeiner hie oben in dem lande were, swer denn von ir wegen pfleger were hie oben in den landen, dem sullen wir gehorsam sin, als vorgeschrieben stát, vntz ir einer ze lande kome. Vnd das dise trůw und gelůbde von vns vnd vnsern nachkommen den vorganten vnsern herren hertzog Albrecht vnd sinen brůdern vnd ir erben stát vnd vnzerbrochen beliben vnd gehalten werde, als vorgeschrieben stát, so geben wir jnen disen brief versigelten mit vnser statt jnsigel, der geben ist ze Vilingen an dem achten tag vor sant Johans abend ze sunglichen, do man zalt von Crists geburt drúzehenhundert iar dar nach in dem sechs vnd zwentzigesten jar.

Nach der mir aus Wien mitgetheilten Abschrift.

V.

Die Grafen Johann und Götz von Fürstenberg verkaufen dem Herzoge Albrecht von Oesterreich und dessen Brüdern die Stadt Villingen.

Ensisheim, 30. November 1326.
(K. k. Haus-, Hof- und Staatsarchiv.)

Wir Johans vnd Gůtze gebrůder grauen von Fůrstenberg, veriehen vnd tůn kunt offenlich mit disem gegenwůrtigen briefe, allen den di jnn ansehent oder hörent lesen, daz wir einmůtiklich mit wolverdahtem můte vnd vnbetwungenlich, mit gůnst vnd mit rate vnser frůnde vnd diener, vnd ze den ziten do wir ez wol getůn mohten, verkoufet haben vnd ze koufen gegeben haben, reht vnd redelich den hochgebornen fůrsten hertzogen Albrechten von Osterrich vnd von Styr, vnd allen sinen brůdern vnd iren erben, die stat vnd den kirchensatz ze Vilingen, die burg ze Warenberg, die dörfer Kliengen, Betchouen vnd Grůningen vnd daz Brigenthal, mit lůte, mit gůt, mit vogtey vnd mit allen rehten vnd nůtzen so darzů gehörent, ze stat, ze dorfe, ze walde, ze wasser, ze velde, si sien gesůcht oder vngesůcht, gestiftet oder vngestiftet, funden oder vngefunden, mit twinge vnd mit banne vnd mit allen rehten vnd gewonheiten, als vnser vatter seliger graue Egen von Fůrstenberg di vorganten gůter an vns braht hat, vnd als wir si vntz her braht haben, vmb achthalb tusent mark silbers löthiges vnd gebes, Vilinger geweges, des wir von inen gar vnd gentzlichen geweret vnd verrihtet sin, vnd daz wir ze vnserm nvtz vnd fromen angeleit vnd gewendet haben. Vnd darumbe habeu wir vns verzigen vnd verzihen vns offenlich mit disem brief, fúr vns selbe vnd fúr alle vnser erben vnd nachkomen, swie die genant sin, aller ansprach di wir als vnser erben gegen den vorgenanten herzogen vnd iren erben in dekeinem weg gehaben möhten, an geistlichen als an weltlichen gerihten, vmb di vorgenanten stat, burg, dörfer vnd gúter vnd swaz darzû gehóret, als do vorbenennet ist, also daz wir als vnser erben, wider den vorgenanten kouf nimmer kommen súllen mit gerihte, mit gewalt, mit chvnst, mit sinnen noch mit keinen fúnden, vnd ouch nieman ander gunst oder weg dawider geben vnd verhengen súllen. Doch haben wir vns mit namen vzgenomen vnd behept vnverkoufet vnd vnbekumbert die hernach geschriben gúter, Hertzogenwile daz dorf, Durach daz tal, Waldowe daz dorf, Linach daz tal, Langenbach daz tal, Glasbach daz tal, Súnchingen daz dorf vnd Schönnowe daz tal, mit aller zúgehórde vnd rehten, alz es vnser vorgenenter vatter an vns braht. Vnd haben vns ouch behept daz erbe, des wir von vnserm vettern grauen Gebharten von Fúrstenberg wartend sin, also daz daz in den vorgenanten kouf nv́t genomen ist vnd vns vnd vnsern erben vnbechvmbert sol beliben. Vnd darúber daz der vorgeschriben kouf von vns, vnsern erben vnd nachkomen stete vnd vnzebrochen belibe, haben wir den vorgenanten herzogen vnd iren erben diesen brief gegeben ze einem úrchúnde, besigelten mit vnser baider insigel, vnd haben gebeten vnser lieb oheim grauen Rudolfen von Hohenberg, hern Otten berren von Ohssenstein vnd herzogen Ludwigen von Tecke, di bi disem kóffe mit andern erbern luten gegenwärtig waren, daz si dri ovch ir insigel zw den vnsern henken ze einem vrchunde an disen brief. Wir di vorgenanten graf Rudolf vor Hohenberg, Otte herre von Ohsseustein vnd herzog Ludwig von Tecke veriehen, daz wir gegenwärtig waren bi dem vorgeschribenen kóffe vnd daz wir durch bete der vorgenanten grauen Johans vnd Götzen von Fúrstenberg, vnser jnsigel gehenket haben an disen brief, ze einem waren vrchunde aller der vorgeschriben dinge. Ditz ist geschehen vnd der brief ist gegeben ze Ensesheim do man zalt von Krists gepurde drúzehenhundert iar vnd darnach in dem sehs vnd zwainzgistem iar an sand Andres tag.

Perg. Orig. Mit fünf anhengenden Siegeln.
Nach der mir aus Wien mitgetheilten Abschrift.

VI.

Sühne zwischen den Grafen Johann und Götz von Fürstenberg und der Stadt
Villingen, durch Herzog Albrecht von Österreich errichtet.

1326, 1. Dec., Ensisheim.

(Fürstl. Fürstenb. Archiv.)

Wjr Albreht von gotes gnaden hertzog von Osterrich vnd in Styr, verichen an vnser vnd vnser brůder stat, vnd tůen chunt allen den die disen brief sehent oder horent lesen, daz wir verriht sient vnd verriht habent vnser burger von Vilingen mit den edeln herren grave Johansen vnd grave Götzen sinen brůder von Fůrstenwerch, also daz ez ein rehte gesworne sůne ist vnd sin sol, vmb die vorgenanten grauen Johansen vnd graue Gotzen von Furstenwerch, vnd vmb alle die, die da bi woren, do si ze Haslach geuangen wurden, vnd vmb alle sach daz in seitmales beschehen ist, vnd vmb allen schaden der do beschach, vnd verichen auch wir vnd die vorgenanten burger von Vilingen, daz ez also geriht ist, daz der vorgenanten herren von Furstenwerch diener in allen dem reht sein sullen, als si von alter her gewesen sint gen der stat ze Vilingen. Wir verichen auch vnd die vorgenanten burger von Vilingen, daz wir den vorgenanten von Furstenwerch vnd iren erben chain ir vogtman noch ir aigenman enphahen sullen zu burgêr, wann daz sú in der rinchmůr sezzhaft sein sullen vnd ůf chain ir gůt böwen sullen, wan mit ir gueten wille. Wêr aber daz, daz sú chainen ir aigen man enphiengen, mugen si den besetzen in iares frist, als reht ist, so sullen wir die vorgenanten burger von Vilingen in niht schiermen oder swer in besetzt von vnsern wegen, so sullen sú vns doran niht irren. Ez son auch die burger chain ansprach noch chain reht haben gen den vorgenanten herren von Furstenwerch, vmb solich schulde, so ir vater da solt, si wêr wizzent oder vnwizzent, oder swie si dar chomen wêr, die sol alle tode vnd abe sin, vnd swaz die vorgenanten herren von Furstenwerch, graf Johans vnd graf Götze, vnsern burgern von Vilingen kuntlicher gult gelten sullen, die son sú in gelten ane alle widerrede. Ez sol ouch chain schade ůf die vorgenanten von Furstenwerch gan, von juden, noch von gyselschaft, noch dehainen weg, sid des males daz wir mit in ze Offenburch geriht wurden. Vnd daruber, daz die vorgeschriben richtung stêt vnd vntzebrochen blibe, haben wir hertzog Albrecht vnser jnsigel vnd wir die burger ze Vilingen vnserr stat jnsigel zu einer gezugnusse vnd zu einem v̓rchunde gehenchet an disen brief, der ist geben ze Ensesbein, do man zalt vm Christes gebůrt driuzehen hundert jar vnd darnach in dem sechs vnd tzweintzigisten jar, an dem nebsten montag nach sand Andres tag.

<small>Orig. Perg. Die Siegel sind abgefallen.</small>

VII.

Herzog Albrecht von Österreich stellt der Stadt Villingen, wegen übernommener Bürgschaft, einen Schadlosbrief aus.

1326, 2. Dec., Ensisheim.

(Stadtarchiv Villingen.)

Wir Albreht von gotes gnaden hertzog ze Österrich vnd ze Stír, verieben vnd tuen kunt offenlich mit disem brief, daz wir vnsern getrůwen lieben... dem schultheissen ... dem burgermeister vnd dem rate ze Vilingen gelobt haben vnd geluben mit disem brief, swann sv̓ dv̓ zwei tusent mark silbers, dv̓ sv̓ rihten sollen ... den grauen von Fůrstenberg, rihtent vnd vns die tusent mark silbers, dv̓ wir inen gelihen haben, swaz sv̓ dann schaden nêmen oder gewinnen von der giselschaft mit leisten oder mit brechen, vmb daz gv̓lt daz wir darnoch den egenanten grauen von Fůrstenberg rihten vnd geben sollen, dar vmb die vorgenanten vnser getrůwen lieben ... von Vilingen mit vns gv̓lt vnd fůr vns burgen sint, daz wir si von dem schaden wisen vnd bringen sv̓llen, vnd des ze eim vrkunde haben wir vnser insigel gehenket an disen brief, der ist geben ze Ensizheim an zinstag vor sant Nyclaus tag, da man zalt von Kristes gebůrt drůtzehen hundert iar, dar noch in dem sebs vnd zweintzigisten jar.

<small>Orig. Perg. Das Siegel ist abgefallen.</small>